Killer Crónicas

WRITING IN LATINIDAD

Autobiographical Voices of U.S. Latinos/as

SERIES EDITORS

Susana Chávez-Silverman
Paul Allatson
Silvia D. Spitta
Rafael Campo

Killer Crónicas

Bilingual Memories

Susana Chávez-Silverman

The University of Wisconsin Press

The University of Wisconsin Press
1930 Monroe Street, 3rd Floor
Madison, Wisconsin 53711-2059
uwpress.wisc.edu

3 Henrietta Street
London WC2E 8LU, England
eurospanbookstore.com

Printed in the United States of America

Library of Congress Cataloging-in-Publication Data
Chávez-Silverman, Susana.
Killer crónicas : bilingual memories / Susana Chávez-Silverman ;
with a foreword by Paul Allatson.
p.   cm.—(Writing in Latinidad)
Written in a combination of English and Spanish.
ISBN 0-299-20220-8 (hardcover: alk. paper)
1. Chávez-Silverman, Susana.
2. Latin Americans—United States—Biography.
I. Title.   II. Series.
E184.S75C484 2004
973´.0468'0092—dc22
2004007801

ISBN-13: 978-0-299-20224-8 (pbk.: alk. paper)

A la memoria de mis padres,
Joseph H. Silverman and June A. Chávez Silverman

Contents

FOREWORD

Paul Allatson, Institute for International Studies, University of Technology, Sydney

Chronicles—an accepted and popular literary genre in Latin America, but less common in the Anglophone world—are by their formal nature short meditative pieces, autobiographical in scope, and characterized by a combination of personal confession, everyday observation, and a memorializing drive. All of these qualities are evident in the pieces collected here in Susana Chávez-Silverman's *Killer Crónicas*, a book that confirms her reputation as an exciting literary force, a virtuoso observer and raconteur of the quotidian, the deeply personal, and the transcultural. These chronicles also have an intimate generic relationship to a number of other literary forms: autobiography/memoir, epistolary fiction (as befits her chronicles' origins in electronically transmitted missives), travel writing, poetic prose, and even the short story. But perhaps the most significant aspect of the collection's stylistic features is its use(s) of language. Aside from her inspired and seamlessly natural code-switching, the author is also a gifted neologist and wordsmith. Her care for detail and appropriate idiomatic registers is everywhere apparent, as is her sense of verbal craft and dedication to the task of narrative construction.

The originality and importance of this collection of chronicles has already been heralded in two ways: first, by the publication of several of the crónicas in highly respected international journals; and second, by the inclusion of a reference to "Anniversary Crónica" in the brief bibliography of influential works written in Spanglish (the hybrid English-Spanish idiom) that Ilán Stavans includes in his *Spanglish: The Making of a New American Language* (2003). This study, the first of its kind, argues that the kinds of code-switching and linguistic inventions that characterize Susana Chávez-Silverman's chronicles represent a new "American" literary and linguistic form, one that reflects and confirms the profound impact on U.S. cultural, literary, and linguistic typologies of the diverse Latina/o populations that now collectively comprise the U.S.A.'s largest minority sector. However, departing from Stavans' unabashed enthusiasm for Spanglish, it must be emphasized that Susana Chávez-Silverman's chronicles do not necessarily represent a coming to literary fruition of Spanglish. The power and inventiveness of *Killer Crónicas* lies, more precisely, in the author's adept code-switching between English and Spanish. While the chronicles provide ample evidence of neologistic wordplay in both English and Spanish, one that might indeed be regarded as a literary form of Spanglish, their narrative momentums are firmly anchored in an unequivocal at-homeness in both tongues.

The signal importance of *Killer Crónicas*, moreover, lies not only in what the author is attempting to achieve linguistically, but in the potentially groundbreaking impact of the collection on literary production both in and beyond the Latina/o literary community in the U.S.A. *Killer Crónicas* is a rare Latina/o text in being genuinely grounded in *lo U.S. Latino* while also providing ample evidence of being at home in other transcultural terrains, notably Argentina, the setting for many of the texts contained in the book, alongside other places such as Spain and South Africa. With this multi-spatial and locational breadth, *Killer Crónicas* manages on a very personal and intimate level to assert cultural, linguistic, and imaginative links between Californian-based Latina/o cultural typologies and other typologies operating in the broader Hispanophone world. The collection may thus be read at one level as a personal narrative of a genuine pan-American dialogue between Anglophone and Hispanophone literary and cultural traditions, and diverse transcultural settings that do not normally or necessarily meet in Latina/o texts. Despite the lip service paid by many Latina/o writers and critics to pan-Americanist discourses and imaginations, *Killer Crónicas* presents to my mind perhaps the most serious and successfully experimental literary manifestation of those currents in Latina/o literature to date.

Another sign of the collection's originality is the expansion of a Chicana/o derived bilingual aesthetic to accommodate orthographical and enunciative conventions from other forms of Spanish, most impressively Argentinian and to a lesser extent peninsular Castilian. The conjunction of these types of Spanish with English in this collection clearly surpasses and expands conventional code-switching between English and Spanish in the U.S. context. Those twinned and twined languages mutate in the author's hands into a pan-Hispanophone and pan-Anglophone register with a potentially huge reading audience, inside the U.S. and outside it. A sign of the collection's potential international audience may be illustrated by an anecdote. I have shared some of these chronicles with colleagues and friends from a range of non-English-speaking backgrounds in Sydney, Australia, a highly multicultural city. These readers, who shift easily between multiple languages, and who are comfortable in English but know little or no Spanish, have greeted these chronicles with absolute delight. For such readers with their own experiences of code-switching and linguistic inventiveness, *Killer Crónicas* generates resonances and moments of recognition quite unrelated to the English-Spanish conjunctions of the U.S. setting. Indeed, in the U.S., Spain, Australia, Argentina, and other places, readers and listeners—for these chronicles are to be savored either read aloud or silently—have enthusiastically endorsed the evocative approach to language uses in these chronicles, and have commented on how even a passing description of a flower or a scent confirms the author's delight in and respect for her craft. Closely related to these aspects of the collection's transnational appeal is the author's consistently nuanced and honest meditation of her personal place in multiple worlds (family, friendships, partners, the academy, cities, nations).

Within Latina/o literature, especially by Chicana/o writers, genre-mixing texts that contain code-switching between Spanish and English, and Spanglish, are not unusual, especially since the ground-breaking publication of Cherríe Moraga's *Loving in the War Years: Lo que nunca pasó por los labios* (1983) and Gloria Anzaldúa's *Borderlands/La Frontera* (1987). As a new addition to that literary tradition, it needs to be emphasized that the uses of language in *Killer Crónicas* do not simply reflect an aesthetic choice; they also signal a highly political gesture in the U.S. context. As Gloria Anzaldúa describes this linguistic scenario in *Borderlands/La Frontera*, "Until I am free to write bilingually and to switch codes without always having to translate, while I still have to speak English or Spanish when I would rather speak Spanglish, . . . my tongue will be illegitimate." That said, this collection signals both the consolidation and the expansion of the possibilities established by earlier Chicana/o writers of a text-driven code-switching as an "American" literary form. *Killer Crónicas* at once implicitly acknowledges code-switching forebears in the field of Chicano/a literary endeavor, and refuses to succumb to monolingual and hegemonic cultural pressures to translate or explain. And yet, while the chronicles will obviously be read most avidly by a bilingual audience, monolingual readers of either Spanish or English will also find in these chronicles challenges and delights.

Killer Crónicas departs significantly from extant Latina/o memoirs, mixed-genre works, and literary texts in general, in a number of significant ways. The collection announces a new voice in "American" literary and autobiographical production, one that manages to construct a uniquely personal and imaginative journey in and between diverse geo-cultural terrains, temporal settings, and languages. The constant referrals and shifts across divergent spaces and times within and between each chronicle generate a multi-locational and temporal complexity that invites, if not demands, and thus rewards, repeated readings. The reader experiences the author's meditations and observations on her past and present as a species of textual journey into the pleasure and pain of transcultural contact, as well as of the author's spatialization of herself in multiple places and times. At once an astutely and movingly inscribed record of the author's shifts between diverse locales, *Killer Crónicas* also functions as a memorialization of places and people that is imbued with a deep sense of pathos and humor.

There is no text quite like *Killer Crónicas* in "American" letters—"America" understood here in the widest possible terms, that land mass from Alaska to Tierra del Fuego—and no voice quite like that of Susana Chávez-Silverman. *Killer Crónicas* enters the U.S. literary terrain as a significant moment in U.S. Latina/o autobiographical and literary production.

ACKNOWLEDGMENTS

The list is rather voluptuously extensive, de la gente que me ha brindado su apoyo, who have told me, over the past three years or so: go for it, *esta* es tu voz. For their incisive critiques, their questions and their encouragement, I am deeply grateful to the following friends and colleagues: Jack Abecassis, Frances R. Aparicio, Samuel G. Armistead, Alicia Arrizón, Diana Bellessi, Emilie Bergmann, Ksenija Bilbija, Ivonne Bordelois, Elaine S. Brooks, Luis Cárcamo-Huechante, Debra A. Castillo, Hector Mario Cavallari, Toni Clark, Mary Coffey, Grace Dávila-López, María Donapetry, Robert R. Ellis, Adrianne Estill, David William Foster, Juan Carlos Galeano, Alicia Garza, Alicia Gaspar de Alba, Rosemary Geisdorfer Feal, Joshua and Peggy Golden, Martha Goldin, Deena J. González, Verónica Grossi, Lucía Guerra-Cunningham, Andrea Gutiérrez, Elizabeth R. Horan, Lillian Kaiser, Laura Klein, Alicia Kozameh, Josh Kun, Wim Lindeque, Tiffany Ana López, Adelaida López-Mejía, Gustavo Llarull, Jorge Mariscal, Francine Masiello, Alistair McCartney, Michael McGaha, Tim Miller, María Gabriela Mizraje, Florence Moorhead-Rosenberg, Francisca Noguerol, Andrea Ostrov, Cristina Piña, Hilda Rais, Lynn Rapaport, Victor Richini, John Carlos Rowe, Emma Sepúlveda, Ana María Shua, Saúl Sosnowski, Ilán Stavans, Mónica Szurmuk, Miguel Tinker Salas, Daniel Torres, Paulina Vinderman, Margaret Waller, Suzinn Lee Weiss, Heather Williams, Howard T. Young. The following former students at Pomona College have all read and given me invaluable feedback on múltiples versiones de estas crónicas, and have been been closely involved with me in classes, as research assistants, y en la vida. Para todos, gracias: Francisco Dueñas, Tanya González (Scripps College), Gabriela Grannis, Gregorio Houser, Michael Kidd, Annie Mascorro, Clara S. Moon, Anna A.

Moore, Marissa Muñoz, Vickie Ramos, Cristóbal Schraeder, Alelí
Stok, Adam Teicholz, Danilo Trisi, Elizabeth "Mia" Vogel. I thank
Elisabeth (Echagüe) Bonet and Chris Sadiq, masajistas sin par in
Buenos Aires and Claremont respectively. Your healing hands
keep my words flowing.

Slightly different versions of several of these crónicas were
published in the following journals: "'Killer' Crónicas," *Letras
Femeninas* XXVII:2 (2001), 123–29; "Crónicas chinescas,"
Hispamérica XXX:89 (2001), 87–94; "Anniversary Crónica," *el
andar* (September 2002), 55–57; "Axolotl Crónica," *Letras
Femeninas* XXIX:2 (2003), 185–189; "Flora y Fauna Crónica,"
Portal: Journal of Multidisciplinary International Studies
(January 2004). I am grateful to have been invited to
present/perform various chapters of this book while it was very
much a work in progress. For giving me this opportunity I thank
Tiffany A. López, who organized the conference "Revolution &
Resistance: The State of Chicana/o Art & Activism at the
University of California, Lado del Río in February 2003. I also
thank Isabel Durán, Ana Antón-Pacheco and Félix Martín for
inviting me to present at the Universidad Complutense of Madrid
and also in Victoria (Spain) in April 2003. I am grateful to
Ksenija Bilbija, who invited me to give two lectures on Argentine
and Chicana poetry at the University of Wisconsin–Madison in
March 2004. Thanks to her support—and that of Raphael
Kadushin—I also perfomed from *Killer Crónicas*. Mil gracias to
Ilán Stavans, by whose invitation I was featured as a writer at the
International Conference on Spanglish at Amherst College in
April 2004. I thank the National Endowment for the Humanities
for its financial support. The thirteen-month sabbatical in
Buenos Aires (2000–01), partially funded by an NEH fellowship
for college teachers, sencillamente me transformó la vida y la
escritura. This fellowship allowed me to realize a dream I'd
cherished as a Cortázar-reading teenager, and which grew to the

fever-pitch of an obsession when I began to work on Alejandra Pizarnik as a doctoral student and, later, in my research on contemporary women poets from Buenos Aires: conocer la Argentina. I also thank Pomona College's generous sabbatical leave policy. The research, thinking, writing—el diario vivir—in Buenos Aires is everywhere reflected in this book.

I will be eternally grateful to my longtime friend and editor Raphael Kadushin, who recognized in my fragmentary, bilingual epistolario the makings of a book. Raphy never let me forget or let go of this book, even during the last three years, los más trying de mi vida. At the University of Wisconsin Press I am very grateful to Sheila Moermond, whose calm, take-charge professionalism (and college español!) helped smooth this bilingual libro through the editorial process. Thanks also to Bridget Reavy and Carla Aspelmeier. Sarah Dolinar, of the Office of Public Affairs at Pomona College, had the artistic eye, the graphic design talents, and the patience to listen to my sueños for the book cover and to transform them into a luscious reality. Gracias de todo corazón, Sarah.

An immense debt of gratitude is owed to my incondicionales, my three "musos": Paul Allatson, Paul Saint-Amour, and Pablo "Hugo" Zambrano. No matter where we were, norte o sur, you three read me, wrote me patrás, laughed, badgered, questioned, encouraged and supported me and my writing unconditionally. Mil gracias.

I fervently thank my sister, Sarita Chávez Silverman. She forced me to enter my writing in *el andar* magazine's "Chicano Literary Excellence Contest" (winning first prize allí fue, más o menos, el comienzo de todo este wild ride, que no?). And she's been a big fan of my idiosyncratic wordplay desde nuestra temprana infancia. I am also deeply grateful to my sister, Laura Chávez Silverman. Her versión *tan* diferente of many key moments in our past often shakes me al meollo, compelling me to re-examine mi concepto de la memoria y de sus (im)posibilidades. A mi hijo, Etienne Joseph: el proceso de escribir este libro coincided with your adolescence, in Buenos Aires and California. Everything we've lived—and loved— through these past couple of years me ha nutrido la escritura. Gracias. A mi abuela, Eunice Chávez, gracias Agüela. For your stories, your language, y por ti misma.

Mi deuda más profunda es con Pierre T. Rainville. Thank you for telling me, in Buenos Aires: *this* writing is what you are meant to be doing with your life. Thank you for your editorial, technical and computer acumen, without which estos fragmentos could never have taken shape as a book. Thank you for your constant apoyo en esta nuestra empresa común: as parents, teachers, intellectuals, and viajeros.

My mother, June A. Chávez Silverman, died in August 2003, six months before I finished this book. *Killer Crónicas* is dedicated in loving memory to her, y a la memoria de mi padre, Joseph H. Silverman. Y a Pierre. Sin vos, nada.

GLOSSARY CRÓNICA

22 January 2004
Los Angeles

Me han pedido que (me) explique aquí. I mean, que ehplique mi lengua, my use of language. My odd oral, transcultural ortografía. My idioma, 'tis of thee. Bueno, mi lengua . . . is a hybrid? Nah! Demasiado PoMo, trendy, too Latino Studies (even if it's true). Been there, done that. A verrrrr, mi lengua . . . es un palimpsesto? Sí, eso está mejor. It's a sedimentation of . . . hmm.

OK. Para explicar estos mis flights (of fancy), tendría que empezar por decir que soy, it is—my language—cual homing pigeon on acid. Porque I list, it circles back, flashes patrás, wildly inappropriate, really, to the last port en el cual eché ancla. In other words, para captar la antaño annoying and now oh so entrañable aspiration and that high, tirando a nasal, melancholy, apocalyptic whine que caracteriza al Río de la Plata, escribiendo en Los Angeles (actually, a little before, still en Buenos Aires pero sabiendo que me quedaba poco, *tan* poco tiempo looking out my warped-glass, third-floor balcony window hacia el Jardín Botánico), I began to transcribe an "h" where the "s" is just a breath, down there. Ehto. Queréh? Ehplicar. O ponía la "sh" o "zh" instead of "y" or "ll," para transmitir la realidad fonética de los northern suburbs de Buenos Aires. Sha. Shuvia. Te shamo luego. Ever daddy's girl, supongo, ehtudiante de la tradición oral. Heredé su crackshot oído también. Ex-estudiante, too, de los lingüista-fonetistas donde hice mi B.A. (gracias Tracy Terrell and Ricardo Barrutia, q.e.p.d; gracias María Herrera-Sobek), I learned their lessons well. I can't not write it like I hear it.

So, en Buenos Aires I often wrote con la "th" for the final Castilian "d": fond remnants (reliquias?) de mi infancia en

Madrith. Yeah, otros tics y quirks began to surface from layers below, like that: esa unvoiced interdental from the heart of la Madre Patria, de Gachupilandia. I've never been able to get rid of it del todo, coño! Instead of the nice, crisp, occlusive final "d," como en todas las novelas on Univisión or Telemundo. Simón, esa "d" sería más normal en una hablante *authentically* hispano/hablante, or Chicana, que no? Pero, let me not fail to mention, while I'm at it, the little vestigios of my decades-ago pero todavía honorary Puerto Rican-ness, bestowed—or imprinted, by proximity, por ósmosis—en la graduate school con Frances, o con Grace. Esa loving, Cambridge- and Berkeley-spawned P.R. osmosis ha resultado en cierta excesiva rapidez, una leve nasalización y un definite tropiléxico empedernido: uso maceta for agarrado and every other word is chévere chévere. Al punto de que my students aquí en Califas (who have no clue what foreign Hispanopaís I hail from pero saben que I lived recently en Buenos Aires) think that chévere es una palabra argentina! Also, me salen algunos markers de mi niñez en Guadalajara, like fíjate, or sabes qué? Y siempre, signs de mi daily Latinidad, mi Chicana, code-switching life, right here en la cuenca de Los Angeles. Simón, mano. Califas. Orale vato. Carnal, you know?

Finally, last but not least, de mi fixation on faux or "bad" translation games me salió hasta el title of the book. *Killer* Crónicas. As I recount in la segunda crónica que escribí back in early 2001, I have always played language games, my whole life, y con mis estudiantes I really go for it. I routinely tell them, por ejemplo, to open their books al poema de Beloved Nerve (Amado Nervo), or that we're going to read Fecund (Facundo), or the Itchy Scratchy (you guess). So, cuando les pedí que abrieran "Killer" (for "El matadero"de Esteban Echeverría), bueno, they barely even blinked. *Killer* Crónicas, entonces, representa muchas cosas. The title itself, and the book's structure, gesture toward the foundational texts (such as "El matadero," or the chronicles of the so-called New World) that sparked my fascination for Latin American—especially Argentine—literature and culture. El libro—much as this form may seem quaint, too eighteenth-century to some—tiene una clara filiación con la tradición epistolaria. Pero this is more constitutive of me than representative of any consciously theoretical or recuperative drive. Es sencillo: I can't write sin sentir el latido del corazón (or at least el tecleo de manos on a keyboard), las pulsaciones cerebrales—verbales—de un interlocutor.

These crónicas began as letters: cartas a amigos extrañados, love letters to cities, smells, people, voices and geographies I missed. O, por otra parte, comenzaron como cartas a un lugar, or to a situation that I was experiencing intensely, casi con demasiada intensidad and yet pleasurably as well, a sabiendas de que la vivencia acabaría demasiado pronto. Cierro esta glossary crónica then—para voh, para ti, for you the reader— with an invitation to dive into este mi texto intersticial. Go on, lánzate. Lance yourself.

Killer Crónicas

Mini Playera
Re-Entry Crónica

18 agosto 2001
Los Angeles, Califaztlán
For Nancy "Paquita" Rankin

Walking down a dimly lit Venice Beach street late at night, después de ver una bad, artsy, MTV-like, Brit movie, "Sexy Beast" (hint—it wasn't), con Ben Kingsley, en Santa Monica. La cashe crowded con little Spanish-style refurbished bungalows, teeny tiny, really, pero tan y TAN expensive. Owned by movie grips, bit part actors, surfers, teachers, professionals. De repente, un olor que no había sentido en más de un año rises en la coastal breeze and hits me, no, it STROKES me, full en la cara: sage. Ah, oh, it's the (North) American Southwest—ah, salvia—tan green and subtle and gorgeous!

Eyes smart with tears and I wince. Sigh. I should be prepared para estas overpowering waves of emotion. Siempre he sido así. You're too sensitive, me decían de niña, so impressionable, me dicen siempre. En Buenos Aires supe que aunque tengo mi sun sign en Aries, está en la Casa 4, ruled by Cancer, that mushy-hearted, timid, sidewinding crustacean. Y tengo, por si eso fuera poco, a Mercurio en piscis en la Casa tres, y eso me (lo) explica, basically. It means you have E.S.P. baby, me dijo esa vidente en New Orleans. Y Beatriz, la astróloga que me hizo la primera carta natal me dijo: tus sueños tienen el poder de pronosticar. I really didn't *need* the two astrólogos—Beatriz en Belgrano (right next to the flotation tank place, como en "Altered States," te lo juro!) y Victor Richini (antaño amigo de Alejandra Pizarnik!) en la Recoleta, who made my *second* natal chart (hand-drawn, so beautiful) en la Argentina. Pero they confirmed cosas que he venido intuyendo all my life. El olfato me sheva y me trae por la vida dehde siempre—the full-throttle charge of it, immediate and nostalgic a la vez.

Un poquito después del sage llega otro olor dulzón, casi empalagoso: Chilean night-blooming jasmine. Oh, esos delicate, innocuous pale-pink blooms que de día no huelen a nada ahora overpower me, casi jaqueca-strong.

Y luego, still later, esa *shoosh . . . shoosh*. Son las olas. De ellas no podré—nunca—vivir lejos mucho tiempo.

Me vuelvo loca, in a way, en el "INTERIOR"! Even if I'm by a river, that huge, camel-colored Río de la Plata, or my beloved Mississippi, or the icy Charles. Y válgame Dios if it's a really high and dry place, sin río siquiera. Tipo Madrith. Or Pretoria. El interior. Me vuelvo un poco stir crazy. Pero even a big river is just not the same as this *shoosh . . . shoosh* of my Pacific and that marine damp y mis cabeshos rizados and my butt muscles pulsing, stinging on this fast, long-legged Venice night walk del auto a la casa de mi entrañable amiga Paquita, to the (non-sleeping) teen slumber party and later, one of Paq's paperback murder mystery novels, just to lull myself into a dulled, lonely sleep. I'm back. Here. Home. Without you all. Poetas. Amigas. Poetas/amigas. What's the difference?

Ay, where am I?

Flora y Fauna Crónica

12 junio 2003
Los Angeles
Para Pierre

Cuando me fui para South Africa, and I lived my first spring in
Pretoria, allí por octubre, viví como insólito regalo el florecimiento
de los jacarandaes. Como northern Califas girl, of course, había
visto mucho nature espectacular: the Pacific Ocean como yarda de
enfrente, for starters, y los sequoia giant redwoods. Yes, especially
los redwoods. Pero también esa enredadera, don't know its name,
the one with the huge, velvety deep purple blossoms y las fragile,
hairy leaves and stems como patas de tarántula. The yellow, puffy,
dust-scented mimosa on early spring mornings, camino a la
secundaria. And eucalyptus: medicinal and faintly erotic a la vez.
Porque el olor a eucalipto me vuelve, inevitablemente, a los wild
summer rides en la moto del *motero* del barrio, Bob Salter, the
summer after we returned from our calvario—18 months viviendo
en España—and I began to get a little bit popular con eso de
haber estado living in Europe y todo.

Anyway, that summer I would cling cual ventosa, aterrada, to Bob's sweat-dampened, skintight T-shirted, bronze surfer-boy espalda (maravillada de que un chico tan laid back, tan marijuanero y cool, would even invite me to ride with him) as he took those Eastside Santa Cruz curves fast, waaay too fast, crunching and scattering los eucalyptus buttons mientras nos adentrábamos a ese wild forest, De la Veaga Park (te juro, that's how it's spelled!), just three long, winding, uphill blocks de mi casa.

Anyway, no me acuerdo haber visto, antes de Sudáfrica, un jacarandá. Sultry yet somehow insouciant too, durante el resto del año, con esas dark green, frilly leaves—casi como una de esas sensitive plants, you know, the ones that curl up y se ponen all shy cuando les tocas las hojas con la yema del dedo o con un lápiz, well, like that, pero en gigante—y sus weird, flat, walnut-colored pods. Not exactly nondescript, pero definitely nothing to write home about. Pero luego, for the too-short, two months + of their bloom, shocking surtidores de unscented pétalos—wouldn't it be demasiado, over the top si encima de todo tuvieran perfume too?—cascading, drifting, amontonándose, machacados bajo pies y ruedas. Pretoria se jacta de ser la Jakarandastad, "ciudad de los jacarandaes," and I believed it and was properly awed and grateful, each spring, por esa breve explosión de dusty periwinkle. Sí, ese es el color, exactamente. Como el "periwinkle" crayon en la giant sized box de Crayolas.

En Sudáfrica, llegué a creer que la vida era *eso*, precisely: the otherwordly, ephemeral beauty de los jacarandaes and, in equal measure, the clawing loneliness of having just three people en todo el continente africano. En realidad el primero, Howard, I'd just broken an engagement of sorts with. Otro (Etienne, aka Curé) me recogió, literalmente, de la calle y me instaló en su tiny, 7th floor flat, only to leave casi de inmediato

para un obligatory, months-long military camp en Ciudad del
Cabo. Y el tercero, a Spanish-British immigrant to "the colonies,"
por ser el segundón de un wealthy family, después de un
Kerouac-worthy roadtrip en su minúsculo orange VW bug—
across the southern tip of Africa—de Pretoria a Cape Town and
back, por Pietermaritzburg and Port Elizabeth and Paarl,
Stellenbosch, and the Transkei and then some—se había tomado
un one-year leave de su teaching job en la Universidad de
Sudáfrica (that was why I got to stay on at UNISA) para asistir al
Masters and Johnson sex clinic en St. Louis—te lo juro!

So I was living alone, realmente sola, por primera vez en
mi vida. No TV, not even a radio. Como que no quería interact
with people, con los Afrikaners I was surrounded with in the
governmental capital, por temor a que su savage racismo se me
contagiara. Sería hasta que mi amigo africano del xeroxing room
en UNISA, Neppe Selabe, me comentó, "Suzi, you *have* to learn
their language, to understand them. To understand us," que
something in me would shift, crack open. I needed to let it
happen. Right about then, besides, volvió el Curé from
Kapstaad, from the army camp, and I got an instant Afrikaner
roomate. Raised by a dominee daddy, no less, and feliz to boot.
He'd walked out on his latest job, además, waiter at an upscale
restaurant, cuando despidieron a 6 kitchen workers africanas,
and within 24 hours had gotten himself—and them—new jobs.
So put that en tu pipa and smoke it, mija, I told myself. What do
I know, really *know*, about Afrikaners? About this country?

Pero en los primeros meses en Africa estuve hermetically
sealed, solitaria. I wrote it like a mantra (maudlin, ya lo sé)
almost every day, en mi diario: "How can I go on like this? ¿Me
estaré volviendo loca? I'm so alone, alone, ALONE . . ." Sola con
mis precious felt-tipped pens y y mis Chinese cuadernos from
Little Ricky's en New York y mis libros de segunda mano, me
aferraba a la incongruente idea de que mi vida and my writing—

the two were inseparable—were enabled, somehow, por esa breve nube de jacarandá, which seemed to shimmer and float sólo para mí, just below my 7th floor balcony window.

Sólo luego vendría a reconocer, a entender the special, secret bond between the jacarandas and me. Una necesidad. Un destino cartográfico. De geografía, latitudes.

Renuncié la boludez de mi northern California snobbery cuando me mudé al Evil (OK, it's the Inland) Empire, the easternmost edge de Los Angeles County. Ugh, había pensado years before, una vez cuando me desviaron al Ontario Airport, right smack en medio del Evil, en vez del John Wayne Airport de Orange County. I'd never even heard of "Ontario, California." I couldn't believe such a bleached-out, tumbleweeded, rascuache sprawl was even part of California! ¿Pero sabes qué? What did I know? Lo único del southland que conocía up to then eran los lush orange groves and suburban lawns del San Fernando Valley de mi infancia, before we moved north por el glaucoma de daddy, y para que yo y mis hermanas wouldn't turn into Valley Girls. Y San Diego, donde mis abuelos. Pero eso era otra cosa. Tropical.

Anyway, ¿qué remedio? Here I was, pero it's not like you can look a gift cabasho en la boca, right? En cuanto a academic jobs, digo. Especially una ternura-track job en tu field—poetry— en un nationally-ranked (como recalcaría mom) liberal arts college. Y *especially* considerando que yo era una single mother, A.B.D. Simón, "All-But-Dissertation." So close, pero sooooo far, todavía, del finish line. Conque I knew this job was a once-in-a-lifetime chollo and chingao, girl, you better take it and be grateful. Smog or no smog.

So, cual no era my surprise, when I went down al Evil para buscar housing en late spring y al llegar, en el rental car, to the eerily bucolic, suburban (pero como que no: con sus Craftsman cottages and ancient trees and too much quiet it resembled, oddly, more like a town out of a Tennessee Williams play que un lugar en Califas) pueblo de Claremont, vi, in the central island that divided a wide, four-lane suburban avenue a stand of mature, baroquely blooming jacarandas, as far as my eye could see. Y te juro que right then and there, como que decidí que it was gonna be OK. Living there. Digo, here.

Bueno, y just guess qué es lo que abunda, qué representa la idiosincracia misma de Buenos Aires, according to the porteños? You got it: los jacarandaes.

Esta vez, I wasn't alone. Happily "en pareja," como dicen en la Argentina y con el Juvenile in tow, I was actually bien apprehensive I wouldn't be able to muster enough of my signature angst, harness esa imprescindible sensación de dis/locación, de otredad which has dogged/blessed me toda la vida. Pero not to worry: lamento (o celebro) confirmar que Buenos Aires, de por sí, is one of the most anxious, neurotic latitudes en el mundo. And, hablando de latitudes: como thunderbolt it hit me, cuando Pierre—on our first day out— encontró el departamento idóneo . . . right en la very same street del Jardín Botánico. Gente, it's true. Mi sueño hecho reality: I was going to live in the mero corazón de Cortázar- and Borges-landia. Just blocks from, de hecho, the four corners Borges enshrines in his famous poem, "Fundación mítica de Buenos Aires": "Guatemala, Serrano, Paraguay, Gurruchaga."

Writing now (aunque es casi imposible dar crédito, volver a ese estado previo: my *un-knowing* Buenos Aires), I am pierced by the memory of my ignorance—qué pendeja, no? Pero how the hell was I to know?—when I taught that poem, creo que por primera vez, en el '98, I think it was. How could I not have known and ever called myself—or, anygüey, allowed myself to be called—a specialist in Argentine literature? I cringe! No tener idea de algo tan fundamental—especially for Borges—tan sencillo, of course, once you're there: what I had thought were random country names, Basque surnames son ni más ni menos que street names en Borges's old stomping grounds, lo que ahora se llama el trendísimo Palermo Viejo. I had even asked my student, Alelí, an *authentic* porteña, pero having grown up en los northern suburbs, en Victoria, ella no tenía clue tampoco. So maybe I shouldn't feel so bad . . .

Tan sencillo, once you're there. And perhaps *only* if you're there . . . So, qué es lo que esto nos dice about borders, identidades, transnational studies, about the end of nationalisms, sobre el supposedly-shrinking global mundo? Shrinking para quién? My ascendent in Sagittarius me confirma y reitera un destino peregrino. Ay, *utópica.* Yes, ou-topos. Not out of this mundo, sino no-place. Bueno, no *one* place, quizás.

It's all about place. (Sé que me contradigo; no me retes.) Y mi lugar—my secret garden, si querés—was, for thirteen angst and revelation-filled months, ese fading beauty, onetime departamento de lujo, donde los padres de la Dra. Lustig de Ferrer la habían criado, after fleeing Austria in the Holocaust, al Sur.

Escribí a todo dar, mano. Even with the Juvenile coming home from school for lunch every day, even having to wash clothes en esa tiny, casi breaking down lavadora and dry them en ese bizarre gas closet en la cocina, que yo pensé all Argentines must have, hasta que Gustavo vino de La Plata y me dijo no way! Definitely not! Que eso era una especie de artefacto, antique, primitive. Escribí a pesar de no tener mucama, a fact that astounded a casi todas mi amigas who—no obstante "la crisis"—steadfastly continued to employ a domestic servant. Al menos unas horitas por semana, ¿eh Susi? Escribí no obstante o—digámoslo claro de una puta vez—precisely *because* of esa constante, opresiva humedad porteña. I mean, not only after los "estragos acuáticos" (as I hyper-dramatically termed the bursting de las ancient cañerías en el departamento de arriba— while we were out of the country—y sus consecuencias: moho

and water damage, un olor a Mississippi that would dog that
apartment for the next seven months, a veces más, a veces
menos, like our own private weather system) sino every day.
Una especie de damp my Califas-, Spain- and Africa-habituated
cuerpo was simply not built for.

Una humedad that all (five months of) summer turns the
soft, dense pile of the unusual—for Argentina—wall-to-wall
moqueta into a spongey pantano underfoot, that wilts even
freshly-laundered and dried-for-hours toallas into an hongo-
laden miasma, that frizzes and puffs hair heavenward y causa
que cualquier mosquito bite, thumbnail size at worst in a normal
climate, se convierta en throbbing huevo de avestruz, y para
peor, te pone unos gross michelines tipo watermelon rodante.
Luckily, this indignity I was able to suffer con el stalwart del
Pablo Zambrano quien, pobrecito, had chosen to visit from
Spain en febrero which is, a diferencia de lo que pregona Eliot,
the *true* cruelest month. All during February Pablo and I pinched
our sides and complained, horrorizados, de cómo no nos
entraba nuestra ropa normal. En vez, even the most
unfashionably generous-sized attire poked and jabbed, clung
and chafed, haciendo que una de nuestras actividades
predilectas fuera tomar vaso tras vaso de vino tinto, sentados en
el skinny bed de su cuarto—el cuarto "de la mucama," just off
the kitchen—hojeando nostálgicamente (y cotilleando, if truth
be told, sobre los ever more collagen-puffed labios de nuestra
adorada Melanie, o el definitely receding hairline del Tony
Flags) slightly outdated copies of el *Hola*, purchased for
outlandishly jacked-up prices en nuestro kiosko on Las Heras.

En fin escribí, exquisitely conscious de que esto no era la
vida. I mean, no era *mi* vida. Como dijo anoche la poeta Carol
Muske-Dukes en un reading de su nuevo libro *Sparrow*, about
living con su marido (he was an actor): life with him wasn't
normal, and I knew it. En Buenos Aires, yo poseía una

heightened sense of awareness, the poignancy of imminent loss. Casi todos los días en República Arabe Siria 2847, 3ºB se constituían como un festín. Nothing felt routine. Ni siquiera una visita a la dentista. *Especially* una visita a la dentista, who confidently informed me que no podía usar ese supersonic cleaning gadget on me más de dos veces por año, o si no los laser rays or whatever would damage my teeth (luego, mi dentista libanés en California would tell me that was crazy, pero that's another story . . .).

En Buenos Aires, habitaba un espacio in-between. Elsewhere. Pero quizás por esto mismo I claimed it so fiercely as mine. Or maybe it claimed me.

So different from when I lived in Spain, en la secundaria. De teenager, me regocijaba when my foreignness was apparent. Angry at my parents for uprooting me en la cúspide of what would be, alas, una short-lived y sólo semi-popularidad, I turned upon the foreign country toda la rabia y el veneno de mi terca (in)diferencia. Pero en Buenos Aires (y OJITO: eso que before I moved there, casi los únicos argentinos who'd impressed me favorably were either in books or dead or both . . .) I realized que nunca me había sentido más . . . qué sé sho—and I know que es medio cursi y trillado, pero—más yo misma. Y . . . (pausa porteña) ob-vio que había—hay—enormes, pero gaping differences between me and the average porteña. Pero an odd, opiate centeredness, hasta orgullo washed over me, more and more as the months passed y me daba cuenta de que la gente me pasaba in the streets not exactly like I was invisible sino como si fuera . . . one of them. Eso nunca, pero *nunca* me había pasado in any city, in any country before. Not even at "home." Y esa extraña comodidad o aceptación de mí misma, in my skin, was uncanny.

Sí, eso. El ansia que me impulsó a escribir en Buenos Aires no era la misma mierda metafísica de siempre, que I'm so lonely, I feel so lost; I don't fit in, what am I doing here. Todo ese rollo. It was something elemental, and somehow much more unsettling: wonderment crossed with an oddly seamless, destined *belonging*, y el miedo and pre-regret of its loss. Una enfermedad. Melancholia before the fact. Antes de la pérdida. Escribir es la necesidad de captar, de contar eso.

Heme aquí. I mean, *allí*: facing out these humedad-warped, wavy-glass paned double doors that open onto el minúsculo balcón, just three floors up this time, en vez de siete, como en Pretoria, pero con una vista shockingly similar.

Y . . . (pausa porteña) es el Sur, me di cuenta. This *southernness* is what I need. Mis sentidos engullen, aquí, not only a jacaranda-petal strewn street sino más localmente—por ejemplo, after a sudestada—also the twisted, rust-colored limbs of a storm-downed tilo, los almost too-fragrant linden blossoms floating out, a bridal veil over the dented roof of a taxi some fool dejó aparcado ilegalmente durante la noche y que ahora sólo se asoma un cachito, all smashed, Wicked Witch of the West flat, under the still-damp flowers and branches. A little farther, to the right, al otro lado de la avenida Las Heras (The Hairs, we call it), the neon sign for the Farmacia del Botánico has just come on. It glows comfortingly green in la fuzzy penumbra del crepúsculo, al lado del chillón blue-white sign for the supermercado Disco.

Closer, just across República Arabe Siria (ex Malabia, insiste la landlady, la Dra. Susana Lustig—fue Menem quien le cambió el nombre) some of the feral cats are beginning their nightly yowl-session (ni que fueran tan feral: they're fed delish Argentine groundround, todos los días, by some viejitas del barrio!) y veo uno chiquitito, a blue-grey, shorthaired kitten, algo cojo and with one milky eye. Ayer el Juvenil lo recogió, scooped his skinny, quivering body up and held him close to his chest, on our way back home from lunch at Hermann's. He begged and begged for us to take him home. Por poco . . . pero no. We can't honey, le dije. No ves como cojea? Plus he's got a sick eye and you know he's covered in pulgas. Con eso, el intermitentemente fastidious and gross-outable Juvenile set him, gently pero quickly, back down en la vereda de enfrente. Pero as we crossed the street to our apartment building, he kept turning around pa' ver si le seguía ese little grey kitten. Y me miró bien grouchy for a while after that.

The lavender-dusk sky is stained a darker, menacing near-black above the stand of enormous palmeras, just inside la reja del Jardín Botánico. Promete llover. Del otro lado del Jardín— just one city block away, sobre República de las Indias, donde vive la escritora Viv Gorbato (amiga del David Foster, but that's another story)—I think I can hear the tiger beginning to wake up. Simón, el mero mero tigre de Borges. The very same one he used to gaze at, for hours, en el Zoológico de Buenos Aires. A una manzana de esta ventana, where I'm sitting. It must be feeding time.

"El Chino" Crónica

23 marzo 2001
Buenos Aires
For Pablo "Hugo" Zambrano and for Raphael Kadushin,
Jahrzeit papá, Q.E.P.D.

Debería ser realmente una creación colectiva, pienso, thinking about Marina Pianca: apasionada, cerebral, comprometida y exiliada argentina, docente universitaria de teatro latinoamericano en Califas, a principios de esa década ferozmente Studio 54, ferozmente guerrillera that was the 80s. La "creación colectiva" was one of her favorite terms, remember Elbita? Remember Cosme? Remember Lydia? Digo, para explicar el tipo de teatro que se estaba haciendo en Latinoamérica en los 60s and 70s, also as a model for a way of us working together.

Quiero decir THIS, esto que estoy escribiendo, estas crónicas—*this* should be una creación colectiva—because I need your voice, Pablo. Necesito tu mirada pícara, cómplice. Without you here, these tales of Buenos Aires tumble into a void; my eye doubts what it sees, mi oído inverna, inventa.

Necesito, entonces, recrear tu presencia, tu sardónica risa, tus
líquidos ojos huge, gorgeous, *morbosos*. Sobre todo, tu sarcasmo
castizo, tu expresión atónita, like mine, ante estos bizarre giros
linguísticos argentinos: *rubro* (categoría), *avatares*, (twists of
fate, ups and downs) *contenedor* (este es el que MAS me MATA,
only here—made in Argentina y basado en el psicoanálisis, ob-
vio—podría shamarse una "supportive relationship" a
CONTAINER, a space, a place that holds you in, keeps you in
check: this is SOOOO telling!!), *no asumido* (in the closet),
placard (armario). Not to mention el acento: este chillón, falling-
down, wannabe Italian tono siempre quejumbroso, siempre al
borde del derrumbe total. Los sonidos, those annoyingly open
vowels, stretched till kingdom come, those "ll" that aren't even
the "zh" we are told about, the ones I teach my students about,
sino ahora, y especialmente entre los middle and upper classes
(o sea, el norte de la ciudad)—los *chetos*, es decir—full on "sh!"
Unvoiced alveolar-palatal sibilante! Shit! Coño!

So anygüey, Pablo, te acordáh cuando viajábamos, en un
remís *Blue Way* (the favorite company de la Doctora Susana
Lustig de Ferrer, our landlady), all the way out there, *down*
there, I should say, way down south al barrio de Nueva
Pompeya? Yo estaba very excited, porque este boliche we were
headed to had earned the seal of approval de la máxima
argentinófila that I know, la Yugo (aka Ksenija) . . . or at least I
thought it had. Little did I know . . . *the horror, the horror*. So,
remember? Allí íbamos tú, yo y el Juvenil en un remís y Pierre y
Bahram en el otro. Hay que confesar que our driver couldn't
muster up too much entusiasmo for "El Chino," much as we
insisted que our alterna-guidebook (el trusty "Wayne," aka
Lonely Planet: Buenos Aires, latest edition upgraded and
enlarged and hipper than ever) and various trendy revistas
swore left and right que era AUTENTICO: "one of the capital's
'in' tango places" crows Wayne. "True to Tango" is the promising

heading de un suntuoso y re-alabatorio article in the magazine *Insider* from July 2000 (sent to me in anticipation of my trip, by my editor, Raphael, himself a deep gourmet food and travel writer).

"El Chino" is, in fact, the *only* tango spot mentioned in the *Insider.* "*Real* tango," whispers the text seductively, "is nothing like the flashy shows that pander to tourists—it should be a little gritty." Al leer eso, we were decided. Smugly, después de haber vivido siete meses en Buenos Aires sin haber visto *ni un solo show de tango* (no siendo—a contracorriente de half the mundo here and everywhere else, including Tokyo—tango aficionados in the slightest), I was confident we were taking our Iranian-born, Oregon-bred, Harvard-educated attorney and Andalusian academic friends to THE REAL THING.

—Noooo, para ver algo reaaaaalmente autéeentico, habría que ir a "Señor Tango," por ejemplo, en Barracas, pronounced the remisero. —Y . . . ¿es auténtico? I ventured. —Y claaaro. Allí van mucho turihtah, pero porque es autéeeentico. Grimmer and grimmer. Y, speaking of grim, aunque ni Pablo ni yo íbamos con las gafas puestas (yo porque no quería estropearme el carefully-*producido* nocturnal makeup), yo iba recibiendo los definite vibes de un Buenos Aires cada vez más alicaído, más tristón, más abandoned-warehouse and threatening, graffitti-scrawled muros. Más Borges, I told myself firmly, the farther south we drove. Más *compadrito.* En fin, I told the equally-disconcerted Pablo, más *tanguero.*

And so, hace exactamente un mes, on an excruciatingly close, humid porteña February Friday night, shortly before la medianoche, arribamos a "El Chino." —¿Es . . . es aquí? I asked the driver, crestfallen, as I took in, squinting myopically, the surprisingly small, squalid and fluorescently-lit dive on the left side of a dark and abandoned street. —Oye Susana, que no puede ser, ¿eh? dijo Pablo, rather less confidently than usual. —Esto no

me parece . . . —I don't see Daddy, masculló el Juvenil, the only
one with near 20/20. —Sí, creo que sí. Sí, *tiene* que ser, dijo el
remisero, checking his tattered Buenos Aires street atlas against the
address we'd given him. *OB-vio*, we didn't want to get out of the
remís. Ay dios mío, llévenos patrasito nomás to Palermo, I longed
to say, pero I was determined to make the best of it. Besides,
Pierre and Bahram had to be in there already, sentados, st(e)aking
out a good time, que no?

Mi primer contratiempo was mistaking the *acomodador de
autos*—a rotund, ancient tuerto—for the slatedly charismatic
dueño, Eduardo "El Chino" Garcés, owner of the eponymous
boliche for more than 50 years. —Y no, señora, said the one-
eyed greeter, "El Chino" ehtá azhí dentro, no lo ve? I brushed
past the acomodador, having sent the remís away (temiendo que
fuera el último coche que veríamos esa noche), and dragged the
ever-more-surly Juvenile behind me. Pablo nos siguió, bien
desganao.

En efecto, Pierre and Bahram were inside. They were, de
hecho, the *only* customers inside. Under the watchful eyes of El
Chino and a blowsy, algo corpulenta (a definite NO en esta
ciudad anoréxica), older, bottle blonde, they were haggling with
a tall, bien swarthy, snaggle-toothed, azabache corkscrew-haired
mozo (sporting utterly incongruous frameless Calvin Klein
lookalike gafas) for better seating. Despite being, como dije, los
únicos comensales, we had been placed at a long, communal,
sawhorse-legged saloon-style mesa (todas las mesas eran así,
supposedly ese era el encanto del lugar), on hideously
uncomfortable benches, with our backs to where, we assumed,
would be el espectáculo. In other words, de cara a la pared, a
grimy, hospital-grey green paint peeling wall, covered with
ancient press clippings sobre estrellas de cine y del mundo de la
farándula internacional y local from decades ago who had been
betwitched by El Chino.

Habiendo una preponderancia bastante heavy de Aries in our group (cuatro de nosotros, including el previously-mentioned Harvard-trained, Spanish-, English- and Farsi-speaking litigator), huelga decir que we got our way. Or at least, logramos mejorar nuestra *ubicación*. Pero relative to what, no lo sé, pues it was painfully and immediately ob-vio—por lo minúhculo del lugar—que there would be *no dancing*. Ni pihta de baile ni escenario siquiera did it have! Y eso—el baile—precisamente era lo que habíamos venido a ver.

Pa' mis adentros, I was cursing mi amiga la Yugo y también al Híber, who had taken her to El Chino last August, whisking her, fashionably after midnight, claaaro, from a rather staid Barrio Norte dinner party, down south to Pompeya. Y bueno, I was cursing the trendy travel revista my editor Raphael had sent me, la que ponía que El Chino was "gritty and authentic." And even cursing, alas, nuestro trusty Wayne del *Lonely Planet*, quien la verdad, hadn't said much of anything too concrete excepto que El Chino was the place these days for porteños "in the know." Claro, en el fondo, we knew que podría resultar bien cheesy el ehpectáculo, even en el lugar más AUTENTICO, con los *de rigeur* black fishnet stockings and lycra-enhanced minifaldas, el predictably engominado hairdo and expresión entre malaleche y stoic del galán. Si los lachrymose and supposedly nation- (or at least city-)constituting tango lyrics me dejan bahtante poco conmovida, por lo general, y tampoco le agarro la onda dizque desbordantemente sensual pero en el fondo melancholy del baile, al menos the dance (como over-the-top pavoneo de gender que a veces reifies y a veces bends los estereotipos) me puede resultar intriguing.

El mozo grudgingly allowed three of our party to sit against the wall, swearing parriba y pabajo que the entire rest of the room (unas seis mesas comunales en total) was "reservado." Nos dio "la carta": a greasy, hand-lettered, cellophane-sheathed single sheet, featuring mounds of carne, ensalada verde and a mediocre surtido de vinos (not an easy feat en este país de vinos espectaculares), *gaseosas,* y empanadas—"la ehpecialidad de la casa"—lisped el gitano-looking mozo, through his non-teeth. In other words, la típica carta argentina, pero with an even more limited selection than usual, y con unos prices descomunalmente jacked-up.

Sin mucho entusiasmo, we ordered empanadas and vino blanco, just the ticket on a scorchingly tropical noche porteña . . . Pero shegó la comida: greasy, acidez-inducing empies, vino entre dulzón y aguado. As we chewed grouchily, El Chino himself se nos aproximó and started asking where we were all from. A porteño Mr. Magoo as Scrooge in the cartoon version of "A Christmas Carol," con sus tiny half-shut eyes, threads of long white hair y boca medio mezquina, el dueño took a particular shine to Pablo, cuando escuchó que es español. Leaning over him entre miope and solicitous, le puso una loving hand on Pablo's buzzcut head, por poco frotándole el hairdo y waxing nostálgico about his gashego antepasados. A tal punto se exaltó con Pablo, that he beckoned us all into his abode to see retratos de sus antepasados. It was too much trouble for me to squeeze myself entre el incómodo banco y la grease-stained pared. Besides, como que una extraña modorra had come over me. Me daba IGUAL todo. Seeing las fotos de los relatives gachupines. Finding out what el tango *really* is. Being there. Being back en el inadequately air-conditioned former luxury apartment en Palermo we call home. Everything de golpe felt unreal. Is this Argentina?

Pablo y Bahram dutifully siguieron a El Chino into a room behind the bar. Al volver a la mesa, which was beginning to fill with flirty middle-aged French tango aficionados, Pablo se veía medio pale. Reportó que that's all there was: just that one room, las mismas grease-stained walls and one tiny lightbulb on flystained high ceiling, apenas illuminating a large female flea-scratching dog que yacía, entre ropa sucia, en la cama de El Chino y su mujer. Pablo y Bahram pasaron un buen rato listening to El Chino's tales de su Spanish heritage pero Pablo couldn't take his eyes off la perra, y los dos volvieron bastante grossed-out del overwhelming tufo a fritura y can.

It was now well after midnight. The place had filled up, sin que yo me diese cuenta. Besides the reverential tanguero Frenchies en nuestra mesa, había otra mesa de northern-suburb *paqueto* types, all tanned and teensy, midriff-revealing tank tops with transparent silicone breteles, ironed, ashy, bleached hair extensions and polo shirted novios hoisting miniature teléfonos celulares. En otra mesa, todo el elenco made in Spain de "La dama boba," currently playing en el Teatro Cervantes. Algunos Asian-looking people. I was sort of relieved by the porteños, however chetos. El Juvenil slumped resentfully against the wall. Esta vez, I couldn't blame him. Es más, if I hadn't felt so strangely paralyzed, le agarraba and I'd get out of there too. Pero en qué? Not like remises, radiotaxis or any kind of taxis abundaban en Pompeya.

Suddenly, emerging from behind the small bar, El Chino rompió a "cantar." Entre comishas. Squinting his teensy Scrooge-like eyes (después, en un artículo sobre tango in the *Clarín* Sunday revista, I learned that esos squinty eyes is why he's called El Chino, medio distasteful la anécdota, reflexiono, at least for my post-multiculti, U.S. sensibilities) and nodding nohtálgicamente al guitarrista, he droned, hideously out of tune, about el barrio, his bar, not really owning anything, people and places changing over the years. Miré atónita a los demás comensales. Y . . . just what I'd feared: embelesados. Bahram (at least his back) parecía thrilled. And I couldn't catch Pablo's eye either. El Juvenil, however, rolled his eyes, and pronounced the show—such as it was—"total bullshit."

Things just got worse from there. La bottle-blonde took the stage, as it were, adueñándose del space in front of the bar, which El Chino now stepped proudly behind después de su wildly-applauded opening act. Y entonces, como en el más nefasto talkshow gringo, o aquí—they love them—el show de Susana Giménez or the short-lived Moria or any of them, la mujer paced gingerly entre las closely-spaced mesas, recalcando en la procedencia nacional de los guests. Oh god, pensé. Ya caigo. And here I'd thought El Chino had a special interest in us, o al menos en Pablo. Pero no! Nos había preguntado que de dónde éramos para pasar la información a la rubia, so she could do lo que debe hacer *every* weekend, just like in Medieval Times en Sudáfrica I remember, horrified, o en Disneyland. Este tipo de espectáculo siempre me ha chocado. —. . . y tenemos gente del Japón, she entoned, beaming, y de Noruega y (looking at the Sevillian cast de "La dama boba," and later at Pablo) de Ehpaña, de Francia, incluso de Irán (Bahram nodded solicitously, bien litigator, all round the room). Y voh mi amor— looking at me—de dónde sos? —De . . . Nuevo México, repliqué, thinking to stump her un poco. —Ah, con razón esos ojos verdes, tipo . . . María Félix. Pues sí, tenemos también gente de México.

Después de este folksy display, durante el cual el Juvenile hunched down as far as he could in his seat, pa' que la mujer no se fijara en él, ella también rompió en canto. Su performance era más pasable que la de El Chino, pero por otra parte tampoco nada del otro mundo. Y yo, cada vez más abstraída, could scarcely believe this was happening to me. Dónde la fiery pasión? ¿Dónde el desgarrador y argentinísimo social realism? Dónde la . . . *qué sé sho*, la necesidad? Is *this*—estos rancios personajes de arrabal who could hardly carry a tune—what the essence of tango is all about? Las smiles bobamente embelesadas de los demás comensales seemed to indicate that indeed, it was. Me sentí out of time, furiosa de repente, estafada, dis/locada. Como esa canción de Peggy Lee . . .

Waving her arms and frowning histrionically—ehtoy máh sola que un buzón, máh aplahtada que una sardiiina, wailed la cantante. Esto era el colmo. Se me iba a escapar, I realized uncomfortably (como esa vez hace 20 años—no puede ser—en un teatro de vanguardia en Madrith cuando a mamá, a Laura y a mí nos dio major attack de risa and we'd had to do anything, twist our hankies, draw on the concert program, not look at each other, pa' no armar un total y vergonzoso ehcándalo en el concierto de Sofía Noel, la aclamada cantora de canciones de amor persas y baladas sefardíes, muy amiga de papá), una risa histérica, incontrolable. —Be daring, me dije. This is the Emperor's New Clothes! No puede ser que les guste, no puede ser. Poking awake the grumpily dozing Juvenile, I gestured somewhat frantically to Bahram and Pablo, who had the advantage of being seated on the outer bench. –Pidan la cuenta, no? Esto es un aborto total. Pidan el teléfono en el bar and call a radiotaxi, OK? To my utter relief, los dos asintieron immediately, como aliviados. Now how were we going to get out of there? De ese lugar más cramped que un Midwestern old-time mom 'n' pop store, a tope de comensales utterly convencidos, thrilled con esa chapuza tanguera. I could see el show would easily go on until 3 in the morning. Yo no, me dije grimly. Gotta get out of here!

Pablo fue al bar y llamó Taxis "Onda Verde," our favorite company, manned by old-time conductores who really know todos los recovecos, las one-way streets y los mitos barriales de Buenos Aires. No ripoffs. No wrong turns. No bullshit. Encima, a algunos de los Green Wave drivers les brindan cursos de "Bienvenida al Turista." Hasta pueden pronunciar algunas palabritas en inglés, they will proudly tell you. Anygüey, entretanto Bahram había pedido la cuenta and as we waited, se puso a medio flirt con una skimpily attired, compact-bodied

tango instructress que tenía a su lado. Ella era la teacher de los
tangophile Frenchies en nuestra mesa one of whom, bien
provinciano me parecía—with my proudly limited mastery of
oral francés—despite bragging about traveling all over the world
con su wife pa' aprender a bailar, had hit on me earlier, showing
me his fotos muy . . . artesanales de París and seductively
muttering, "C'est la Tour Eiffel." As if! Como si cualquier pendeja
wouldn't know that right off!!!

El gypsy mozo flourished la cuenta. Al verla, Pablo let out a
bigtime bufido. —No! Que no. Que no pue' se', que esto no es
normal. –Qué? le pregunté, dreading his response. Porque when
we'd first entered El Chino, he'd whispered to me, —Esto no me
gusta, Susana. Parece que nos van a estafar, eh? Y yo, tan
inocente entonces, only a couple of hours earlier, le había
asegurado —que no, Pablo. Que este lugar es para *insiders*. Not
for tourists, te lo prometo. –Que no! Que nos quieren cobrar 90
pesos, joder. All of us, like five Sleeping Beauties jerked awake
by the kiss (of death!) de esa cuenta *trucha*, began to shriek. No
way, oh my god, there was no price list, where'd they get $90?
And so on. Bahram began to gesticulate and armar frases
litigiosas y levemente amenazantes. I felt better. Como
protegida.

Pero around us, la gente comenzó a mirarnos medio feo.
Ni siquiera nos habíamos dado cuenta de que entre todo el
revolú, there had been a change of performers: ahora cantaba
un viejo alto, espigado, de elegantes cabeshos blancos. At least
he *looks* the part, pensé. But I was already up, squeezing entre
el bench y la pared, shoving aside shoulders and knees,
followed by the Juvenile and Pierre. As we passed el cantante, I
heard, como desde un slo-mo sueño, que éste componía y
cantaba en el acto letras tangueras about us, about rude
ehtranjeros who left half-way through el show! Esto, pensé—
ever daddy's girl—es la tradición oral en VIVO!

Bahram, en su conversación con la tango mistress, had learned que en efecto, no "era normal" que nos cobraran los $90, since we'd paid $40 for the dinner. Pablo, alentado con esta información, insistía con el mozo: —que no, y punto. Esto no es normal, coño. Ya pagamos la consumición y *no* vamos a pagar el show. Ve y pregúntaselo a El Chino si quieres. Eso es, pregúntaselo, anda. El mozo, tras consultar *sotto voce* con el dueño, retornó medio crestfallen, shaking his jet-black bucles, with the Chino-certified price: $40. Triunfantes, ignoring the dirty looks de demás comensales and the now frankly hostile spontaneous riffs about our premature exit del abueleril cantante, we were spewed, Jonah-like onto la vereda. As we waited for "Onda Verde," observamos, incrédulos, the hordes of hopefuls, huddled about las dos ventanas, who hadn't managed to get a seat in "Bar El Chino."

P.S. Dos semanas después, after Pablo and Bahram had departed to their respective "patrias" (Pablo a su cátedra in an Andalusian university and Bahram to an important northern-California law firm), apareció yet another article on tango, this time in the Sunday revista of the local diario, *Clarín.* "Un boom que llega a todo el mundo," heralded the article, titled "Fenómeno Tango." In a lengthy sidebar about "El Chino" (described as "un bar maravillosamente descascarado, barroco y hechicero"), la rubia destartalada aquella, named Cristina de los Angeles, announces triumphantly, "Hoy tenemos gente de Irán, Suecia, el Japón, Francia, y España." Pablo, this one is para vos.

Blood/Relations Crónica

28 junio 2001
Buenos Aires
Para Etienne Joseph y para Jorge Mariscal

Writing away estaba, en una tale of 3 sisters. Concentration broken, interrumpida por el ring ring y no suelo contehtar siempre dejo la máquina pero something caught me y atendí y era Betty Galant, RECTORA del colegio del Juvenil, and it all was so fast so fast y yo que sólo ayer me estuve medio casi congratulating on my charming, sentient, politically aware boy, my boitjie, adolescente . . .

. . . y Betty Galant diciendo está bien, Joey está bien pero . . . ehte, cometió un "acto irreflexivo" (so Argentine, esto!) y quisiera que vengas a recogerlo, llevarlo a casa y para que reflexione. Se cortó la mano un poco, eso es. Y yo en piyama furious, me SACA de onda que me humishen, Joey sabe ehto . . . cómo sigo en piyama? Y ahora rehearsing my speech de madre concerned, calm, NORMAL (I'm worried about being "normal," living in "Villa Freud"?), ante la Rectora eh ah, soy ehcritora como Ud. sabe, trabajo en casa, perdone mi tardanza, ni siquiera ehtuve vehtida . . . Oh god. (Y el step-daddy suele ocuparse, this year at least, aquí en Buenos Aires, de estos asuntos del Juvenil tipo colegio, pero he's out, ay he's out and where are the tetanus shot medical records? Has he or hasn't he? Mind a blank). Y qué digo, me muero de vergüenza y rabia y otra vez su famosa temper, que a mí me gusta achacársela a su padre, digo al bio-dad, pero claro hay que reconocer que yo también, claro, soy fogosísima como dicen aquí y me arrabio pero eso sí, me calmo al tiro, NUNCA me pongo violenta, ni pego, ni tiro and I NEVER NEVER hold a grudge.

Bueno me visto, un poco de Estée Lauder "Candied Fig" lipstick, holdover color from the 80s que hicieron relaunch a few years ago, fijate que primero lo había comprado en el Macy's de Union Square, en San Francisco, me acuerdo (la misma época del bewitching, emblemático "7e Sens" de Rykiel), y luego I replaced it en esa hermosa farmacia en Zurich, con el Rudi Haas. Anyway, I lance myself, salgo a la calle, camino y behind my Calvin Klein subtly Jackie-O gafas de sol pienso, "I look pretty good," y pienso en Pablo Zambrano, in our cultivated myopia, and in how damn FINE the world looks sin receta. And now, everything too sharp, ay las arihtas . . .

Shego al Colegio me siento como una niña, como una colegiala. They buzz me in, una recepcionihta takes pity on me y me sube a Rectoría, tercer piso, past shrieking forest-green sweatered kids mirándome y algún murmusho, te lo juro: allí va la mamá de Joey . . .

Entro y veo a la Rectora, una cool beige-y bottle blonde (of course), still con ese semi-incongruente (sha es invierno, no jodas!) hideous orangey bronceado que usan tantas porteñas y me besa y veo al Juvenil and my heart is in my throat y se ve un poquitín alicaído eso sí, e intenta susurrarme en inglés let me tell you what happened, OK, mama? Y yo callate voh, y no

quiero ehcuchar NADA de ti ahora. Y la Rectora entona que
Joey es un buen chico pero en algunas cosas todavía sigue
siendo muuuy niño. Y yo nodding politely. Ehhh, sabés que hay
un grupito de chicos un poco más jóvenes que le vienen
molestando, y calling him "shanki" and pulling on his jacket (y
forro, he whispers under his breath, they call me *forro*). And it's
me back, scared, en Colegio Estudio en Madrith, I'm 4 years old
and asthmatic and no puedo respirar and I'm wheezing, I'm
wheezing y los otros niños me peshihcan por ser . . . por ser
extranjera, skinny, shy, pigeon-toed and pathetic. Y me tengo
que agarrar de la mano de la maestra, with all my might hold
her hand y subir con ella al ático where she keeps that
wonderful, banana-smelling, pungent rubbing alcohol que ella
frota frota on the kids' knees cuando se caen and they scrape
themselves. Yo nunca me caigo, bueno, sólo si me empujan.
Siempre de la mano de la maestra and clinging to the fence and
shrieking to Daddy to take me back, take me *home*, y mamá no
me puede shevar al cole, hace que papá me lleve porque ella no
aguanta, no puede ver a su hyper-sensitive, socially maladapted
oldest daughter in so much pain . . .

     . . . y como te digo, sigue la Rectora creo que Sho-ey
debería pagar la reparación de la puerta de sus ahorros; recibe
una mensualidad? Like in a dream le asiento, sí, claro. And I
muse: Y resulta que he couldn't stand it, the name-calling, y se
explotó y le comienzo a construir defensas, que young male
adolescent pero pa' mis adentros, that doesn't cut it. I *despise* a
bully; cómo me torturaron los bullies, right through till I was his
age, como de 14 o 15 o maybe even as late as 16, and I grew
breasts and a funny bone just like my daddy's and slanty green
eyes and long, long wavy auburn hair and todo tan y tan de
repente, cuando volví de España a Santa Cruz en la high school,
11th grade. Era cotizada de repente, hasta MUY cotizada, hasta
nominada for Homecoming Princess, funny how that all

happened, so suddenly, pero Joey. Popular desde day one. Tan *canchero*, friendly, y ahora shoe en el otro pie baby, y cómo puede ser que le hasha salido esa veta de su padre (and him, from his *own* alcoholic, pathologically shy father): explosiva, de kicking a hole in the closet door, in the wall, y ahora esto, running after the younger kid (I wasn't gonna hit him Mom, I swear) y rodeado de sus classmates, quienes le chishaban "maTAlo, Joey, maTAlo." Ay, it's just too much for me on this winter morning, esta terrible writerly interrupción and Joey SOOOOO *Lord of the Flies*, and I abhor male violence especially. Oh what begot this, y sho tramándole castigos yes yes I'm gonna have him read *Lord of the Flies*, and of course, pagar el cristal roto out of his savings and oh my god, casi me colapseo en shanto hearing que un poor little boy, nothing to do with it all, behind the door the Juvenile pushed his hand through, por poco se le incruhta un glass shard en el ojo.

Oh god, oh god for what almost happened *could've* happened, y yo paralizada de shame y miedo y veo que el Juvenil is ashamed too y él nunca ha aguantado la sensación de culpa pero luego he tries to weasel his way out of it siempre tan ready to blame someone else, or "his temper."

Al llegar a casa me siento on the floor y shoro y me siento totally overwhelmed, wiped out por la maternidad, suddenly. Por esto, by something like this, que te golpea in the middle of whatever you were doing: writing, living, y siempre es, no matter what, mi más important empresa, pasión, so much. Too much. Siempre he tardado tanto en mis cosas, en "realizarme," all my goals and now so *close* to it all, to writing, to closure. Finally, finally. Beginning to taste it. Pero te pueden derribar en cualquier momento, kids.

I remember cuando él nació: I sat for months on end just bounce bounce bouncing him, con el pie, in that little bouncy-hamaca thing, staring at him, making him laugh. I would do anything, I would die for you, como dijo el protagonista in that gorgeous "Cal" movie, con el Mark Knopfler soundtrack. Bueno, ya sé que era el amante, young Irish revolutionary guerrilla to his Protestant older woman lover, pero da lo mihmo: lo que quiero decir es una imbancable intensidad. Y esto, hoy, is suddenly beyond me. ¿Qué hago?

Propongo cursishos de "anger management" when we get home. Muy a lo gringo. Le hablo about how when we get home, que el re-entry into a gringo high school. No va a ser fácil. Que peer pressure. Que si no dominás tu temper, how are you going to be able to drive? Que I ain't putting no out of control Archie Bunker temper-tantrummer behind el volante! No way! Y, si sales con una chica y te dice que no, que take me home, que no quiero go further que I'm not ready, what are you going to do? Put your hands around her neck and hold her there, hold her down against her will, muy "Cuello de gatito negro"?

Y, casi llorando y bien palidito me mira y dice I don't know Mom, what, am I a monster? Siempre con el discurso of I'm gonna change. I'm gonna start cleaning up my room, it's ALL gonna be different when we get back. Que fresh slate. Y pa' mis adentros ay, that is SOOO much el clásico discurso de un alcohólico. Of an addict. Image de mi ex-suegro burning in my brain. You pickled old sod: why are you STILL alive, pathetic and alone and drinking yourself . . . but NOT to death, not yet. And Ida, mi suegra, fresh in the grave, y ella tan buena, tan vivaz.

Y no quiero. No quiero put all that guilt crap and heredity shit on Joey, with his bandaged wrist and his beautiful dark almond eyes. Y así, le diseño un self-improvement course on paper: 1) write an essay about how this situation could have been resolved without the use of force 2) pay for broken glass with allowance 3) leer *Lord of the Flies* y analizar su moraleja.

Esto basta? Is he damaged? Will he be all right? Am I?

Celos Pasional Crónica

14 julio 2001
Buenos Aires
For Suzinn "Lee" Weiss

Mamá y papá, after their flechazo meeting en la cubierta de ese Transatlantic liner carrying them to a study abroad program en Madrid en el verano del '49 (I think), y after su cross-cultural, tumultuous courtship que terminó en una modesta boda en el front lawn de mis abuelos Chávez en San Diego, Califas, y after el subsecuente distanciamiento de papá de su familia judía de New York (especialmente de su mamá, Grandma Edna) pues, what other kind of a marriage could they be expected to have? Except the one they had: intense, loud, sarcastic, grand gestures, mucho grito y polémica y door slamming y bailes y cocktail parties y viajes y lágrimas y risa y una vez mamá hasta nos llevó a mí y a mi hermana, over night, a un hotel en Santa Mónica.

All the way to the beach. Mom was an excellent driver. Hasta enseñó a conducir a papá. No easy task porque Daddy had been raised in New York City y nunca. He'd never had to! Y

además, I have to admit, tenía un pretty bad sense of direction.
Pero ella, she'd learned how to drive on the open California
roads con sus tíos in their big, low American cars.

Mamá was good, pero ojo, if anyone cut her off nos pedía
(ella tan señorita, tan correcta, never a palabrota out of her
mouth): honey, roll down your window, will you, and give that
guy the finger? Or si veía, en los L.A. freeways, a algún movie
star pues eso podía ser un poquito dangerous porque Mom
would speed up para arrimársele y saludar, como esa vez que
she was sure, and yes, I think it actually was him, she rolled
down her window and shouted, "Hey, Ernie!" y definitivamente,
it was Ernest Borgnine. Creo que esa vez, de ese fight cuando
mamá nos llevó a Santa Mónica, que hasta nos llevó a Pacific
Ocean Park, pero that may have been another time. Pero for
sure I know que lo único que cenamos was hot dogs, and we
loved it. Y claro, luego, mucha llamada telefónica y finally they
made up como siempre y nos fuimos back home.

Uno de los peores momentos in all their long, romantic, star-
crossed, movie-star marriage fue un verano cuando yo tenía como
16 o 17 años. Recuerdo que yo y mis hermanas nos dimos cuenta
de que era the middle of the afternoon y mamá no se había
levantado. Both my parents were early risers, so this was pretty
strange. Papá estaba en un research trip, en España. Bajamos a su
recámara, y mamá se encontraba en negligee, distractedly
munching See's chocolates. —¿Qué te pasa, mamá? le pregunté.
Mom is a Scorpio y, true to her sign, es muy apasionada,
contundente y vengativa. Pero eso no significa en absoluto que
ella sea self-revealing, easy to read o como quien dice, emotionally
available. Al contrario: guarded, secretive. —Oh nothing, nos dijo.

Siguió así un tiempo, como staring out the window, out
through the northern Califas pine trees, down over the small,
bucolic, hippie-surf town al que Daddy had moved us so we
wouldn't turn into Valley Girls and so his glaucomic eyes no

tuvieran que soportar el daily commute through the smoggy Los Angeles basin. Mamá miraba, entre aturdida y ensoñada, toward the Pacific Ocean, her beautiful tilted black eyes clouded de angustia. Pero no decía nada. Yo sentía ominous waves de malestar. Y persistí. —Mom, si no me dices qué tienes voy a pensar que es algo terrible. Like you have cancer or something, le dije. And I'm gonna call Dad. At the mention of his name, irrumpió en llanto y anunció, finalmente, en tono altamente melodramático (typical of Mom, pero lo compramos every time): —Girls, I'm *sure* Daddy is having an affair. Con eso, se lanzó a un torrente de palabras: I'm going to lose 20 pounds rinse my hair back to black voy a mudarme a San Diego con mis padres start teaching again lo voy a dejar, sí, it's over, this is it. Pero mamá, we reasoned, how do you know? En sus slender, hermosos dedos she held out, away from her body y como con una mueca de asco, extended toward us, un pale yellow sobre.

We opened it. We read it. —Pero mamá, le dije, this doesn't prove anything. In his absence, Daddy had given Mom carte blanche to take care of his mail. The offending letter era una carta de una ex-novia de papá, de hace décadas. Pues ahora se divorciaba del marido, y le había mandado a Daddy un let's catch up, let's meet for . . . letter, con lujo de detalles wannabe seductores about sunbathing semi-desnuda en su Oregon backyard, con su miniature poodle correteando by her feet. Stuff like that. Daddy was a Libra. Guapo. Smooth. Urbane. Funny as hell. Con una voz rica, low, melodiosa.

En primer lugar, tendría que haber sabido la mujer (Jean, me acuerdo que se llamaba) that Daddy was *not* fond of dogs. He was a cat person. Pero ni modo. Le dijimos, Mom, the only thing this *proves* es que esta mujer has the hots for Dad. That's *all.* Pero mamá would have none of it. Of reason. Según ella, it was all over. Guilty as charged. Guilty even *before* the trial! Así era mamá, desde siempre.

Y llamadas telefónicas a Madrid. *De* Madrid. A Selma, la amiga de la familia donde papá se hospedaba. Que would you please tell Joe I'm leaving him. Que llamadas de papá, histérico, June, whaaat? Don't be ridiculous, I never . . . slam the phone down. Todo esto, of course, waaay before Email and cheap, deregulated international calls. Esto era a puro telegrama. STOP. Ramo de rosas. STOP. Lágrimas y gritos transatlánticos y finally.

Yes. Daddy actually cut short his research trip. By a *whole* week. Furioso, resignado, enamorado, Daddy regresó a casa to the tribunal that was awaiting him. Porque eso debería de haber sido una jodienda: four women, todas taking mami's side, putting him—el gran catedrático, world-renowned orador—on trial. La realidad era que papá no había hecho nada. Ni siquiera había visto a la tal Jean in over 20 years. Pero eso sí, we put him through the wringer.

Daddy was beautiful, y supongo que women were pretty much always throwing themselves at him. Claro like Kissinger said, el poder es el máximo afrodisíaco. So it doesn't even matter, un hombre puede ser barrigudo, calvo, gordo, feo y atroz pero if he's perceived to have power (y hasta puede ser un poder metafórico, académico, I mean come on!) I guess there'll always be chix lined up at the ready. Y los poor men. Ni cuenta se dan. They think it's all about *them.* Their seductiveness. Their irresistibleness. Ay pobres . . .

Pero anyway una vez, cuando le acompañé a Daddy al MLA en San Francisco, una huevona actually tried to hit on him (una chilena wannabe novelihta). Luego me vio a mí, y se imaginaba que I was his young lover y desistió! As if! Pero ojo: mamá gave as good as she got, porque también hubo muchas escenas like the time I remember Daddy shouting if that French jerk ever calls here again (por un colega de mamá en un high school en Los Angeles where she taught French and Spanish; el pobre franchute había fallen hard for her), that's *it.* I'm leaving. You'll never see me again!

Pero anyway, we put him through the wringer that time about la Jean, como decía. Hasta going through a box of old stuff encontramos una foto de su ex-novia, la judía mexicana Sofía he was engaged to before he even met Mom (she was pretty cute, pero nothing compared to mamá) y allí mamá se enfureció de nuevo que what are you doing still with this old picture, Joe? Y bueno, finalmente la tiró. Or maybe la escondió de nuevo, who knows for sure? Pero eso sí: le hicimos sacar la dirección de Jean out of his address book y le dijimos todas a una, well, if you don't "want anything," por qué le haces encourage?

Y después . . . pues era un total mogollón de diets, sulks (que why did you ruin my research trip to Madrid? Well, why did *you* ruin my life? Oh, I never should have met you. Well, me neither), screaming, stony silences, dinners out, miradas encendidas y finally, finally todo volvió eventually a su cauce. Y of course they didn't break up. Not then, not ever.

Y ese matrimonio de mis padres carried on just like that hasta que murió papá. O casi. Porque Daddy al final hay que reconocer was not himself, at all. The second time que le dio el cáncer I mean, after he'd licked it once and recovered, we thought. Y fue con mami a su second honeymoon back to Spain. Eso fue en 1988. Pero the second time it came, en noviembre de ese mismo año, he said not again. Not now, no quiero. And he just let himself go. And we let him go.

Esa segunda vez, after the chemo, and after the rayos and he never lost his beautiful white hair pero se puso all enjuto y amarillento y tan enfermo muy enfermo mi papá . . . Y en una, close to the end, mamá nos dijo you girls are wrong. You think Daddy was sexy and romantic and funny all the time? No. Daddy es un melancólico. It's not easy living with him, it's never been easy, you know. Daddy is never satisfied with himself, and he has *terrible* moods, and self-doubt and . . .

Pero eso fue más bien hacia el final final. Cuando nos dijo eso. And even a year or so before he died a veces, en una comida familiar or just sitting around their living room, someone playing the piano, alguien cantando en mi tan, muy musical familia, Daddy era capaz de abstraerse de la escena circundante and a radiant light would come over his face y miraba a mamá y a veces hasta murmuraba, girls, *isn't* Mother beautiful?

Y bueno. The moral of the story is que una vez in the dining room de la pensión donde nos hospedábamos en San Sebastián, (Euskadi, Spain) yo, mis padres, mi hermana Laura y mi prima Lee, me acuerdo que I was eating espinacas a la crema y una milanesa de ternera, my favorite. Y mis padres were asking me (again) que por qué siempre tenía que decir que *nunca* me iba a casar? Que after all they'd taught us, que por qué y cómo yo era capaz de manifestar tanto desprecio for that institution which they so successfully embodied?

Y . . . (pausa porteña) nada más les pude decir well, that's just it! Your marriage is so good, no sé si "good" es la right word, quiero decir: so larger-than-life que tengo la sensación de que *anything* I would have, with no matter whom, pues como que it just could not measure up. Y ellos, shaking their heads, desesperados de que su success augurara, para mí, mi fracaso, por poco lloraban de rabia y de (let's face it) a lo mejor un poquitín de vergüenza that their muy marriageable oldest daughter steadfastly refused to enter into holy (or otherwise) matrimony.

Y así fue como paradójicamente llegué al convencimiento de que marriage inevitably amortigua el deseo, lima el misterio y posterga all those good things siempre so far out of reach we're always looking for. Porque *eso* (o así me parecía), habían tenido mis padres Joe and June in their montaña rusa of a matrimonio.

Memory/Lame Crónica

22 agosto 2001
Los Angeles
Para JHS, in memoriam

Daddy, were you really *that* mean?

Mi hermanita Laura—y mi abuela Eunice Chávez también for that matter, whom you adored, who loved you—te recuerdan *bien* mean. Bien sarcastic. Con todo el mundo. To mom. Laura se acuerda de un fight daddy and mom got into over politics (maybe the death penalty? No, era over legalizing la mota! Yeah, that was it), donde no se hablaron por días. Or, Mom went to a motel for two days. Pero quizás este es el mismo (sub)urban myth de cuando ella nos llevó a un hotel en la playa en Santa Mónica and all we ate for a while was hot dogs? (Les dicen "panchos" en Buenos Aires, can you believe that?)

Pero no. I'm *sure* that fight was about celos, y que se estaban chasing around the bed in our old house, in the Valley, on Rubio Ave. Or maybe it was the one before that, en Van

Nuys? Pero anyway, they were swinging wire hangers
pathetically at each other, y mami took me and my other sister,
Sarita, a un hotel near Pacific Ocean Park. Laura ni siquiera
había nacido. Yeah, that's it. I'm sure.

Or am I?

Daddy, try as I might, no te puedo conjurar mean. Oh, I
know you were ruthless con tus enemigos. And you had *tons* of
them. Que anti-semitas coming out of the woodwork. Que
people who didn't vote your way en los comités en UCLA. Esa
vez que no te quisieron dar, al principio, un ascenso to Super
Professor Step 8 overscale or whatever they do in the UC
system, and you got into a rage. Bigtime.

Enemigos ideológicos. Intelectuales. Académicos. In your
journal articles, in obscure footnote vendettas, and in Letters to
the Editor columns you waged your battles, esas épicas batallas
letradas que te carcomieron, finalmente, por dentro. Esa rabia
que te tragabas por lo general, only every so often letting just a
flicker of it cloud your Robert Goulet, Harry Belafonte, Lucho
Gatica surface, ignite and explode, en un perfectly timed and
hurled sarcastic put down. To mami. And to us? Así dicen. Even
to me?

Yo te recuerdo como un expansive huraño. Ya sé,
Daddy. That's an oxymoron. And so you were. Un cool-warm
Libra. Un dulce melancólico en tu study en casa, shaking
your head back and forth en ese gesto milenario, casi
rabínico, about some historical injustice, alguna tragedia you
felt as keenly on your own skin cual si te la hubieran
perpetrado—tatuado—a ti.

Daddy, te reconozco en los versos de "Notes Toward a
Supreme Fiction," de Wallace Stevens, que recité full- and low-
voiced, dry-eyed, en tu *yahrzeit.* Just days after my birthday. El
25 de marzo, 1990 fue. One year and two days after.

He had to choose. But it was not a choice
Between excluding things. It was not a choice
Between, but of. He chose to include the things
That in each other are included, the whole,
The complicate, the amassing harmony.

Ese día te sentí—I conjured you—en esos reconfortantes, sencillos, casi parcos versos. Y dije, entonces, "Thus, my father was able to be, harmoniously, a boy from the Bronx and a renowned Golden Age scholar, someone impassioned by Sephardic ballads, Cervantes and Lope de Vega, but also by Peter Sellars or The Beatles." Concluí citando—y diciendo querer emular—otra de tus frases favoritas: "[La vida] es el arte de no renunciar a nada."

Don't remember now who said that. Lope? Cervantes? Think so. Pero part of me never wanted to sip from the same cup que te nutrió a ti. I didn't want—yet I was fatally drawn to— los clásicos. Hell, si no hubiera sido por Pizarnik, habría hecho, casi seguro, una tesis sobre Cortázar. O Quevedito. Remember, Daddy? I remember, now, clearly, you and I , escribiendo late late into the night, juntos, en tu casa en Santa Cruz, inspirados encendidos, hours and hours thinking about that one line: "polvo será, mas polvo enamorado."

What bullshit, Dad. How could I have written, how could I have said that day, tan smugly, tan literarily, que you were able to be both—all—harmoniously? Cuando OB-vio (pronunciación porteñísima) the trying, los choices gnawed at your insides all along? Desde tus 26 años, desde la úlcera que te pegaste cuando tu mamá, La Monte (aka Grandma Edna Maslow) quiso prevenir que te casaras con mami y te mudaras a Califas from New York and some doctor or shrink, qué sé sho, te aconsejó, well sonny boy, it's your mother or your wife: you pick. And you did, you did. But at what price?

Daddy. Just like el Caballero de la Triste Figura, the study of whom made you famous, eras solitario even en toda tu solidaridad humana. En realidad, un fantasioso. Incluso algo mesiánico. Try as I might, no puedo recordarte mean. I try to conjure you stern, and instead I hear you snort with laughter sobre los ridículos, amateurish "professional" musicians—esos Musicians of Brementown: todos off-key, mal vestidos y hasta inhabiting an ill-concealed, unsavory bordering-on-incestuous relationship, la madre-hijo team on the piano, te acuerdas?—en ese unforgettable Sofía Noel concert en Madrid en 1979. Yeah, fuimos con Selma. En el Centro Cultural de la Villa, en Colón. O te veo casi llorando, crooning along with James Taylor's first album: "Suzanne, the plans you made, put an end to you. . . ." Intento recordar tu legendario temper, and instead te veo sneaking me, at age 12, into the drive-in para ver "Midnight Cowboy" on a re-run.

What is it about memory? ¿Qué es lo que hace que Laura te recuerde tan (auto) exigente, tan distante? Y que yo, en cambio, vea una jumble de imágenes solapadas en el tiempo y el espacio, pero en casi todas—even when that little muscle at the side of your jaw is twitching—casi siempre you end up collapsing into a snort of laughter? Qué es lo que me permite (me obliga) creer fervientemente que esa crueldad tuya was a self-defense mechanism?

El modo de resguardarse, de escudarse de un hombre, de un working-class, Bronx Jew-boy who grew up to be famous and handsome and suave and world-traveled and elegant (and who even taught me to waltz) pero who never outgrew la inseguridad de haber sido short, miope, poor, hijo de una inmigrante rusa judía y de un inmigrante rumano judío under- (and later directamente) *un*employed, y encima divorciados. Ese Yossie, the smallest boy en la Bronx ganga, the one they used as mensajero because he was the littlest, el que corría más rápido cuz he was the scaredest. Ese boy was always inside you, Dad. Yossie. You never outgrew him. You never outran him del todo.

El hizo que practically on your deathbed me insistieras, me recordaras, "Sukie, you know, *remember*: tengo over 300 items on my C.V." I know you did, Daddy. Y ese knowledge pierced me, wounded me, fucked me up for years, even *warped* me, diría. Cursed me con la misma jodida inseguridad and need for approval from others you took with you to your grave. Yo he aprendido a echarle la culpa al Saturn in the twelfth House, Sun in Aries, en la cuarta. Pero it's *you*, Daddy. I'm always looking over my shoulder pa' ver dónde estás. Are you watching me? Do you like what you see? Do you? Ah, why did I ever have to become a writer? Pero so much of you in me, qué más podría haber hecho? What else could I ever do?

Is it a Jewish thing, esta never-satisfaction? An oldest child thing? ¿Sólo un modo de ser melancólico, compartido entrañablemente?

Nunca sabré, and I can't ask you. Pero I do ask you, almost every day. Ay Daddy, por qué esta mi urgencia de ti? Quién me definiría como sick, a veces (me) pregunto, por hablarte, buscarte todos los días without fail? When will you leave me alone? ¿Por qué me dejaste?

Tecolote Crónica

14 agosto 2003
Oaxaca, México
Para June A. Chávez Silverman, in memoriam

Mom, el día que descansaste it rained here en México. En
Oaxaca, to be precise. No precisamente el México that you
knew—creo que nunca estuviste this far south—pero it may as
well have been. Because, la última vez que volví a Guadalajara,
in 1997, para celebrar mi *ternura*, as I call it (such a more
gorgeous word for the thing than the real word for "tenure," *la
permanencia*. No, I refuse the "real" translation. I prefer *la
ternura*. Tenderness).—I know, ya sé, mamá. It's not the *real*
word for it and I should speak right. La gente va a creer que I
don't know right from wrong. Pero tú ya no estás para retarme,
and I've always done my own thing anyway, que no?

Pero anygüey, as I was saying, the last time I was in
Guadalajara, for that LASA conference en el '97, everything had
changed. Pero *everything*. Of course, uno diría. Que twenty years
son veinte años, y toda la cosa. Even so, yo buscaba en

Guadalajara el México que tú y daddy me habían dado. The México with smashed guayabas releasing that rubber-sweet, acrid scent into the pale ochre dirt. (I always thought that dirt was so red, hasta ver la tierra colorada de Misiones province, in Argentina.) The México of dim, indio-filled markets—like my favorite of all time, el Libertad en downtown Guadalajara— sudor, huarache-leather and wood-burning tool smells, masa harina before, during and after cooking, chiles de todo tipo, secos y frescos, aguas de melón, atole, hanging animal guts everywhere, and strange, pale, slimy, hacked-open frutas we used to sneak huge, liquid gulping bites of, con mi hermana Sarita y un verano, con mi primo Carlitos, even though you expressly forbade us to. You forbid us from eating anything from street vendors and no way del Mercado—salty, perfumed pepino y mango enchilado al limón on a stick, steamed elotes floating in admittedly dicey-looking water in rusty vats—nothing en la calle.

Bueno, that México. El de los shiny, giant metallic-green mayates we used to tie strings to and they'd buzz in enraged circles over our heads. El de los roadside fields and empty lots and everywhere you looked que no estuviera edificado you could see esas florcitas pink. Those caterpillar-fuzzy, candy-colored plumes we used to slip out of their stiff outer stalk and take home to you, al atardecer, después de todo el día estar afuera, montados en las vacas de los Gallegos, teasing Nacho— el weirdo teen neighbor we used to think was like un Boo Radley tapatío—about the eternal ringworm on his cheek, or catching salamanders con los rich López Moreno neighbor boys. Miguel, el impossibly old 12 year old y mi novio Alejandro, who at age 9 solemnly asked me to hold his watch for him mientras jugaba al fútbol or when he went to hacer pis behind a tree. Mami, te llevábamos muchas tardes a sweat-smashed child's bouquet de esas pinks: —son malas hierbas, nos decías. They're just weeds, girls!

Pues ese México ya no existe en mi Zapopan de antaño. I always thought we lived way out in the country all that time, growing up. Pero cuando volví en el '97, it had stretched and morphed into just another Guadalajara suburb, con su Blockbuster y todo.

Pero ni modo, Mom. Porque tu México sí lo encontré: en Oaxaca. Hot, chapopote-scented roads as you ride into the city center del tiny aeropuerto. Burros ambulantes y green mayates galore. Those enormous, dizzying, masa-, rope-, chile- and entraña-smelling mercados you only used to let us go to once in a blue moon, donde nos llevaba Juana Delgado a veces. Y nos traía greasy churros she bought there, en el Libertad, once a week: hot, sugared, fat. No como los skinny cold ones que venden en el San Diego Zoo or on Olvera Street y les dicen "churros." Oaxaca is *your* México, Mom, aunque nunca fuiste. Even down to the rain. A sudden hush, y a las 2:30 una llovizna como lace hairnet cae de un cielo repentinamente cerrado en nube.

At noon, precisamente (las 10, Califas time), en el Mercado Central de Abastos, el olor a nardos me arrebató de mí misma. I felt no center, suddenly, like on that Boardwalk ride cuando el centrifugal force smashes and holds you flat against the metal walls y de repente the floor falls out, cual si flotara nomás among those dim market stalls, aware only of the overpowering, lyrical, death-pronóstico scent: spikenard, le dicen en la Biblia. It's tuberose. Mi perfume predilecto. One of my students looked it up for me en el Internido, cuando apareció la referencia a nardos in that Lorca poem, "La aurora." La Magdalena anointed Christ's feet with it, fíjate.

Suddenly, todos los tecolotes me estaban mirando. Huge, hammered tin, mirror owls. Teensy, chillón, carved and painted, copal-wood alebrije owls. Super rascuache ceramic buhos for the gringo tourists. Todos me clavaban con una cierta mirada, y era tu mirada.

Mom, how is it that only today—al mediodía en México, a las 10 de la mañana Califas-time—caigo? I remark on the absolute symmetry, la coincidencia between you and your favorite bird. But *was* it even your favorite bird really, el tecolote? You loved all birds. Oye Mom, maybe you put one over on all of us—inescrutable, reticente, mysterious and unknowable. Representante sine qua non del conocimiento (even from when you were a little girl, and walked all the way to school under the blistering Visalia sun para ahorrar tu dime for the bus so you could save up for books and pens), like the owl itself. Capaz you just let everybody keep buying you esos owly trinkets, big, small and in-between, recuerdos de todos *nuestros* viajes when you couldn't travel any further, anymore, than to Jacques Pepin's or Julia Child's cocina, Katherine Hepburn's Africa.

¡Mamá! Tú que habías sido tan viajera, always. Y tan elegante anfitriona. Tus estantes, rebosantes de owls, would greet your guests and visitors (cada vez menos, hay que reconocerlo, y quizás tú así lo preferías; I'll never know) even when you, recluída en el cozy den que vino a constituir todo tu mundo, ya no podías saludarles con un beso at the top of the stairs, "May I take your wrap?" Con tu casquito de pelo azabache, your Aztec cheekbones and milky High-spanic complexion, your burgundy brocade caftan, enveloped en una nube de "L'Air du Temps," bandeja de sizzling homemade cheesepuffs extended.

Brindabas todo para el máximo confort de tus guests, pero cual volcán dormido, like a true Scorpio, you always held your most private self bien close to the vest. I've seen algunos chinks en esa armadura, like the time when . . . ay, don't worry, Mom. No voy a hablar de eso, I promise.

Al volver del mercado, "Descansó su mamá a las 10" read the message on a little scrap of paper que me dieron en la Recepción del Hotel Las Golondrinas. Así supe.

Pero porque te presentí tan fuerte en los owl- and nardo-
signs—tu presencia ghostly yet oddly comforting—like the long
shadow cast just after dusk, by a barn owl in flight over the
abandoned farm buildings en el campus de UCSC, where you
lived so happily, tan en tu elemento for years—puedo entender,
puedo hasta aceptar que yo esté aquí en México, I am here in
your Mexico once again, y tú tan del otro lado, ahora para
siempre. So descansa ahora, Mom. Y ahí te wacho on the other
side.

Route 66 Crónica

19 septiembre 2001
Los Angeles
For Paul Saint-Amour

Stunned into silence. ¿Qué se puede escribir ahora, in the wake of the blast del 11 de septiembre, esa fecha already etched into my conciencia as the aniversario of Pinochet's golpe contra Allende and democracy en Chile? Y . . . (pausa porteña) no. Al contrario: *hay* que escribir. Besides, I am beginning to discover, desde que estoy de regreso, here, in my (?) Califaztlán: I can write anywhere.

Adiós fetiches, que only with that perfect pale blue, fuchsia-ink, bevelled felt-tip pen, in a black and red, lined, Chinese cuaderno bought at Little Ricky's on the Lower East Side, que sólo on the 30 Stockton bus, careening por el centro de San Francisco toward Union Square and the BART station, or—a more recent superstition—que sólo con mi vista del Jardín Botánico en Buenos Aires will the words come.

So here I am, gente, dizque back home, just north of Route 66—la Foothill Blvd.—right on the easternmost edge del condado de Los Angeles, right smack on the edge, también, del Evil—que digamos, del *Inland* Empire. Yeah, back home in the detritus de las refacciones that have been going on forever, it seems, to my fire-sign impaciencia (pero en realidad it's been apenitas 4 semanas). Amidst the cement dust from the "pampa"- pattern ceramic floor tiles manufactured, te lo juro, en la Fábrica San Lorenzo, just outside Buenos Aires pero purchased at "House 2 Home," right here en el Evil Empire! Amidst the stacks of boxes, con la charla y la boombox de los albañiles peruanos, Elena, Manuel and Marga, con el overpowering smell de oil- based pintura, y de latex, with molduras, toilet parts, bisagras, paper, plastic sheeting, rollers scattered everywhere y mis libros y papeles still nowhere in sight.

Good thing I don't watch TV. Pero you know how impressionable I am! Even just hearing en la radio about those people que saltaban, flames at their back, al vacío from the 50th story de las Twin Torres and it's seared into my mind's eye/I por siempre jamás. Just like the time I read, a los 9 años, ese story about the grizzly bear attack en Yellowstone en un old *Life* magazine—sin fotos siquiera—how could they possibly put fotos de una horrific, enraged, si tan sólo maternalmente motivated mama grizzly que, para proteger a sus cubs, chased a esa pobre pendeja gente up the trees, her hot, jadeante breath on their legs and then, las atroces garras y fauces grabbing and clawing, ripped them back down and maimed them. Forever. A fate worse than death: to be alive and to have to remember. I never wanted that picture in my mind, pero even a los 9 años the words alone were enough and there it was, forever: una huge mama grizzly, yanking those three people right out of a tree—one of them screamed no, no, no as he fell, eso es lo que ponía la *Life* magazine. She pulled them down with her fangs and claws, right by their butt. Y anyway, allí está esa image, in there, in me, por siempre jamás.

Pero anyway, even now Paul, no obstante los constant
news updates, los numb students, los too-talky or struck dumb
colegas and college administrators planning "healing" activities,
los freaked out international Emails—tu 11 de septiembre Virgo
cumpleaños forever linked, marked, marred by asssociation—
my thirst surges. Prevalece, incluso. El deseo de la palabra,
wrote Pizarnik. El ansia de escribir. I must. Ek moet skryf. Y
quizás now more than ever, como están diciendo algunos
conocidos writers "de color," like Rubén Martínez, like la
campanita ganchos (bell hooks) and Anna Deveare Smith. We
must write now. Right now.

O sea que no es sólo en Buenos Aires donde esta mi
represa se desborda. (Love that word for overflow. Desbordar.
Loses its borders.) Where words, a la sombra de las palmeras
milenarias del Jardín Botánico, come to life. Es también aquí, en
lo que llamo el Evil Empire. En este mi Inland Empire, this place
you, Santo-Amor (hottest newly-minted English prof en el país
the year you came "on the market," se dice, pero optahte por
Pomona College . . . dios te salve), have called a bleached out,
desolate apocalypse de abandono y imminent doom just itching
to happen. I'm not sure why, pero usually, playing advocate to
your demonio, yo te intento aplacar. Hasta defiendo al Evil (I
can't believe myself) en su grittiness, en su very unhip *inland-
ness* (INTERIORidad), comparado a la anonadante atrocidad
beige and overpopulated, todo uniforme que es, por ejemplo,
Orange County. Te recuerdo, Paul, como at least we can hear
coyotes at night, see stretches of dirt, digo, undeveloped land,
however tumbleweed-filled, however cracked and parched, in its
too-close proximity al desierto y no a la costa. Faraway de esa
otra "real" California que everybody knows de los movies.

Te digo well, Paul, Thomas Pynchon and all those other
groovy (pre?) PoMo big white boy novelistas, como John Barth
and Walker Percy and John Hawkes and Nathanael West before

them predicted it, scripted its—and our—demise decades ago ¿y no ves? We're still here. Hangueando.

Esta mañana, I rounded the curve del suburban cul-de-sac en el que estoy viviendo again, incongruentemente, after República Arabe Siria 2847, 3-B and its diesel-scented afternoons, its view of the Disco supermarket, the famous Jardín Botánico cats, the squealing colectivo brakes, todos estos citysounds que se fundieron, eventualmente, into a lulling or energizing white noise. I rounded that curve in my new, boring Honda Accord sedan (del que tengo que derivar el único excitement de su V6 engine y de su slightly racy yet still elegantly safe color: "Emerald green pearl") and I almost ran smack into a big old towtruck. Totalmente blocking my path. Y allí estaba el rubio, mega-tanned, fornido de mi neighbor, el que se ve absolutely, definitely, like a "Soldier of Fortune" magazine poster boy. Creo que es un ex-cop. Y estaba frantically directing the operation of loading, onto dicho remolquero, his prize, his baby (su único baby porque creo que su hijo ya no vive con él y una novia que entraba y salía de su condo hace unos años, está long gone): his cerulean blue, matte finish, chrome-shiny, vintage Chevy Vega.

Yes. A real Vega. Uno de los peores coches ever made in history! Pero el vato se desvive por él. Todos los weekends he is under it, lying next to it, fiddling about con un juego de elaborate specialty tools. Lavándolo. Tweaking and tinkering and waxing. Acariciándolo.

And now, me hace una señal medio helpless, medio pleading. El towtruck driver slips himself into overdrive y comienza a moverse como in fast motion. Le doy un little wave patrás al vecino. Semi-irritada, semi-resignada. Well, en ese split-second donde decido no dejar el auto en idle sino turn it off, I flash que estoy en un momento, en una other dimensión quintaesencialmente californiano: the car ante todo!

En Buenos Aires este delay habría ocasionado, sha, a zillion honking horns, palabrotas, shrieks, insultos. *Pero qué te*

pasa, boludo de mieeerda, movete, boludo! Pero we're not in
Buenos Aires. Y aquí, cualquier protesta like mamá used to do
on the Los Angeles freeways when I was a little girl—"honey,
roll down the window and give that guy the finger, will you? Ese
jerk just cut me off!"—provoca fácilmente, desencadena an
armed response. Yes. El famoso road rage.

So I sit, consciente de que este bright blue Vega is this ex-
cop's vida, carajo. I'm gonna be late for work! So I begin quickly
revising, remapping my day in my mind: ir al gimnasio during
the lunch hour en vez de antes de mi clase . . .

Oh, sharp, sudden longing pa' cuando mi "exercise" eran
esas endless, long-limbed caminatas en Buenos Aires: de 15
cuadras por Las Heras, past Parque Las Heras—the doggiest
park in the mundo—up to Librería Norte para recoger un huge
fix de poetry books de Sandro, o de 35 blocks sin siquiera
darme cuenta, por Villa Crespo. Yes, all the way back home, up
Malabia from Parque Centenario in Caballito to Palermo, past
the Armenian temple, past the cheapo leather factories that give
way, gradually, to los trendy restaurantes y boutiques de
Palermo Viejo, ah, the scent wafting, from las tiny mom 'n' pop
purveyors, de empanadas—carne dulce, carne picante, queso y
albahaca, apio, cebosha y nuez—ah, the linden trees right below
my balcony después de una sudestada. . . . I've got time.

Estoy viva. Mi hermana Laura está en Venice; ya no vive in
the East Village. Y María Negroni y los suyos están a salvo in
Brooklyn, shell-shocked and acrid smoke penetrating even their
dreams, just one week after, pero a salvo. Y mis tíos Larry and
Zippie Levine están en Long Island. Y mi prima Lee Weiss, hace
una década vive en Portland.

I am here, de vuelta en Califas. Arrasaron las Twin Towers,
and I am writing. Paul, no almorzamos en tu birthday this year,
pero I am writing this for you. Ya no estoy en Buenos Aires, pero
I am writing.

Estragos Acuáticos Crónica

27 enero 2001
Buenos Aires
Para Lucía Guerra-Cunningham

Estoy sentada en el comedor de nuestro departamento,
taipeando en el laptop de Pierre which somehow, de milagro,
did NOT get ruined by the sheets of water que inundaron
nuestro departamento while we were in Chile. Si hay un Dios,
his/her name is *écriture*, porque although we returned to the
disconcerting fact of una cañería reventada in the departamento
above ours, y muchísimo water damage in our apartment, the
computer, my work and most of my books were spared (my first
editions of Pizarnik, unscathed!). Several rather boring garments
were ruined by mold; y hay un olor fuerte a moho en casi todo
el departamento. Un plomero supposedly tenía que venir to
begin to fix things, including one of our toilets que está a punto
de reventar, pero . . . we're still waiting.

Only minutes ago we found out que ahora something burst
también en el piso de abajo, and as a result ahora sólo tenemos

agua in the tiny, squalid "maid's bathroom" off the cocina. Those of you who keep up with international weather news may be aware of apocalyptic happenings en our cuello del bohque, to wit:

✤ **Weather Report:** ✤

Hubo tres tormentas terribles en la provincia de Buenos Aires entre el 10 de enero and yesterday. Cuatro ancianas died en el subsuelo of a nursing home en el barrio de Belgrano, right next to Palermo, where we live. Más de metro y medio de agua cayó in just over 5 hours, leaving many people homeless. La gente y los autos nadaban en las grandes avenidas; a one-legged asistente de peluquería heroically rescued several people trapped in small mom 'n' pop stores. Una psiquiatra lost *all* her Lacan books, her dog drowned y OB-vio, her beautiful casona in Belgrano, on the verge of being sold, is going nowhere now, with its marshy Oriental carpets, y con unos green water marks halfway up the walls.

Todo esto en las últimas 48 horas; so I kind of suspect our wait for a plomero will be a long one . . .

Yo llevé conmigo (from the library of la Dra. Lustig de Ferrer, the Austrian-Jewish psychiatrist whose now water-stained, anteriormente de lujo third floor apartment we are renting) al viaje a Chile la novela más o menos bestseller *La creciente* de Silvina Bullrich, from 1967, and I thought, mientras la leía, it was a pretty grotesquely exaggerated allegory (en términos, especialmente, de las posibilidades metereológicas) of Buenos Aires. The story of the bestialization and horror of a city edificada en un pantano. It's never named, pero está claro que es Buenos Aires.

"Now that we are cool" (ah . . . W. H. Hudson's *Green Mansions*, STILL—de nuevo—uno de mis libros mas queridos of all time), I breathed relievedly as our plane touched down en

Santiago el 3 de enero, and we emerged into the Andean
shimmering dust-brown heat—blessedly dry! Los que me
conocen saben cuánto detesto el calor, so for me to be
appreciating heat you can understand *the horror, the horror* of
the humid River Plate summer. Nuestro host, Wilson Chevalier,
complained bitterly how hot it was! Las afueras de Santiago
looked uncannily like the Ontario Intn'l airport just minutes from
Claramonte, and the Juvenile shrieked nostalgically in
recognition. The drive in to the city reminded us very much of
Los Angeles, o de otras ciudades latinoamericanas, quizás
mexicanas. Nai que ver, poh, con Buenos Aires. Short,
somewhat chillón buildings. Lots of graffitti. A squat, sort of grey
looking city, with sudden, occasional bursts of tropi-pintura.

Nos hospedamos en casa de Wilson, un amigo de mi amigo
chileno Luis, from Cornell. Su wife and son were in Japan. Había
pensado que on vacation pero resulta que no. This was some
longer-term ausencia we later would find out was not del todo
unpleasing to our host. Wilson resides in a house in Mary
Helper Street. Descubrimos al tiro, poh, que he had deep plans
to introduce me to a zillion poets and other cultural figures
todos los días, altho I tried to tell him que estábamos de
vacaciones, y yo medio intoxicada, besides, de poetas, escritores
y otras figuras mediáticas, after five intense months en Buenos
Aires. Pero being a good P.R. person (eso es precisamente lo
que el Wilson es, in fact, para una editorial chilena respetada),
me organizó un chingo de meetings anyway.

La primera noshe noh llevó a "La vó-en" (pronunciación
shilensis de "La Bohéme"), especie de boite, donde se nos vinculó
el poeta Rodrigo Lara, compinche de Wilson y amigo de mi Luis.
Keep en mente que my first heavy, day-to-day exposure a
latinoamericanos no-mexicanos fue en la universidad, donde tuve
el privilegio de estudiar with some major Chilean intellectuals. So,
aunque había un poco perdido la costumbre, somewhere in my

deep tissue residual memory estoy acostumbrada al rapid fire speech pattern de los chilenos. Pero te juro que este Rodrigo speaks faster y a la vez menos inteligiblemente than almost anyone I'd ever met before (except maybe Grace Dávila). Besides, resultó ser un tipo algo machihta, quien se emborrachó vahtAnte, poh. Y su prodigious alcohol ingestion aumentó todavía más mi dificultad para entender lo que decía. Practica un type of poetry que podríamos llamar "Bukowskian," I guess. You know: maomeno, I fucked this chick, went to bed drunk, didn't know where I was (or who she was) cuando me dehperté. That sort of thing. That's about what I got out of it anyway. Luckily, también conocí a Pedro Lemebel that night en "La Bohéme." Estuvo estupenda in a head-to-toe red print pant outfit, including matching red All Star-looking high-tops.

Al día siguiente Pierre nos llevó a mi y al Juvenil al downtown de Santiago. Vi, finalmente, todos los monumentos I'd been reading and hearing about for 20 years: La Moneda, la Alameda, todas las statues of famous chilenos. No me defraudó, like Buenos Aires had, de alguna manera, in the beginning. But then, I guess I hadn't formed as mystical or mythical an idea of Santiago as I had about Buenos Aires. Or else, Santiago corresponded more precisely, somehow, con lo que me había imaginado.

Los chilenos TAN diferentes de los porteños. No "'Tine whine!" Although hay que recalcar que la entonación chilena really does go high. Hasta los hombres. *Especially* los hombres. Llega como a un 4th degree of high! Pero esta voz, al menos al principio de nuestra estadía, me trajo sólo buenos recuerdos de la Lucy War, el Villegas, el Juan Epple, mis compañeros Walter Fuentes y Elba Andrade, y Cosme, y la Emma, y tantos otros. Con contadas excepciones (como el Bernardo, por ejemplo), they're shorter. Darker. More indigenous. Not so much rampant and obvious surgery, anorexia, neurosis a flor de piel.

🦎 **Reyes 2001:** 🦎

Tuve varios encuentros bien nice, intensas pero positivas, que me facilitó el Wilson con poetas mujeres, like Marina Arrate and Verónica Zondek (amiga de Silvia Guerra and el Luis Bravo en Montevideo). Ay, so many mujeres, tan poco tiempo. Me dieron sus libros y hablamos de la poesía chilena y de otras cosas normales. Me parecían muy talented, and they seemed less anxious and hung up than most of the porteñas I've met so far. Pero nos pasó una cosa MUY desagradable la noche del 6 de enero, marking exactly 6 months que hemos estado aquí en el Sur. Habíamos ido con Wilson to this poetry reading en "La Perrera." Yes, te lo juro, al antiguo Pound, donde antes llevaban a los strays caught by the dogcatchers to eventually be killed. Un artista supposedly even embalmed some of them, y yo tenía muchas ganas to see that, pero los caninos embalsamados weren't on display.

Bueno, llegamos. All I could think of was, qué coño estoy haciendo aquí??? At least it might give Joey a thrill, pensé. It was a cavernous, dark dungeon, with a bunch of 20-algos revoloteándose. No place to sit; algunos plastic garden chairs people seized upon the minute they were unoccupied. A dank smell, nothing to eat, nothing to drink but beer (ya saben como detehto la cerveza), cachái? Bueno, fuimos porque supuestamente el Lemebel was going to give a reading at The Dogcatcher. He never showed, pero la poeta Carmen Berenguer read; estuvo excelente. Saqué algunas fotos and then we left, para ir a un restaurante peruano to drink pisco sours.

Como siempre, our contingent was Wilson, accompanied by una 20-algo "friend" de la editorial, the ubiquitous Rodrigo Lara and his odd, polyester polka-dot dressed, on-and-off novia, along with this other nouveau hippie-looking pareja and a

hideous, squashed sapo-looking older "poeta" named Roberto
Vitale. Desde el principio éste me dio mega-bad vibes.

Entraron, al tiro, a una interminable discusión sobre temas
"culturales" candentes de Santiago. Me aburrí. I felt abstracted
from myself, así como cuando you're at a party and not high
enough to completely shake the social anxiety, pero tampoco te
importa mucho. Me quería ir. Estaba harta de portar esa fake,
pasted on smile, of meeting new and important-for-my-career
(según Wilson) people. El Juvenil lost himself in a book.
Roberto Vitale got in a huge verbal fight—que "huevón this,
huevón that"—con Rodrigo Lara. Con lo slurred y rápido de su
speech, después de la cerveza in the Dogcatcher and various
pizco sours en el restaurante, apenitas cachaba what they were
even arguing about. Pero the gist seemed to be that they both
felt abject about having read their poetry en el lamentable
espectáculo that was the "La Perrera" event, on the whole. OJO:
my friend Luis had warned me que los chilenos pueden ser muy
verbally mean and catty, arguing bahtAnte, especially if there's
an audience, sólo para kiss and make up, como si nada, later.
Me imagino que it's like a sort of concurso de destreza mental y
verbal, if you're into it . . .

En eso, el tema de la película "Doggie Love" came up.
Now, el Wilson had "warned" me days earlier que there had
been a big pedo about "Amores perros" en "los círculos
culturales" de Santiago. Me contó que la gente in the know la
consideraban derivative of "Pulp Fiction," bla bla, so I knew I
was on slippery ground, pero me sentía tan abúlica en ese
dinner I didn't really take heed. En una, con un tono socarrón,
el tal Roberto Vitale me pidió opinar. My hackles went up: I
didn't want to rendir tributo to their effete, elitist critique, ni
tampoco estaba in the mood to play intellectual with a bunch of
progressively drunker, posturing machistas. Así que, even
though I'd really only had a lukewarm reacción al film, como

que I essentialized myself. Me tropicalicé, I admit it. Dije,
"Bueno, soy chicana, y llevo 6 meses viviendo en Buenos Aires.
Añoro el acento mexicano (bullshit! I never dug it all that much
when I was growing up in Guadalajara, did I?), las palabras, la
comida mexicana (this part was true, al menos), los colores, los
ruidos, TODO. Así que debo admitir que mi reacción—
principalmente positiva—a la película es bastante *visceral*." Well,
el Vitale seized upon that word—upon *me*—like it was lower
than pigeon shit. Like I was some kind of intellectual leprosa, y
aúlla, "Reacción 'visceral'? ¿Qué quiere decir eso?" Cual si una no
tuviera el derecho de NO QUERER discutir algo de forma
"intelectual." It wouldn't have *been* an intellectual (or even
intelligent) discussion en primer lugar: les aseguro que these
people, bueno especially el tal Vitale, were waaay fucked up en
términos de alcohol ingestion, in terms of gender politix as well
as psychically and culturally, tal me parecía.

Anygüey, things went from bad to worse, con el Vitale
getting more and more aggro y a la vez incoherente. Fnally,
como para distraerle, el pobre Huckleberry Hound (to whom el
Wilson bears a striking resemblance) le preguntó, "¿qué significa
ser poeta en Chile ahora?" An interesting pregunta, pero el
huevón del chickenshit del Vitale, en vez de contestar, turned
the question on *me*! Can you imagine?

Now how the hell am I supposed to answer this (multiply-
loaded) pregunta? NO soy "experta" en literatura ni cultura
chilena in the first place. Plus, this is my *first* time there, y todo
el mundo lo sabía. By the way, los otros tampoco querían
contestarle. It became obvious Vitale was baiting and baiting
me. Sentí emanando de él una fuerza miasmal, misógina, but I
had no idea why. Le contesté con una respuesta deliberately
"tonta," lite, como pa' apaciguarlo. Le dije, "no quiero opinar,
¿sabes? Estoy molida (it was after 3 a.m.—we'd been "on,"
meeting people, seeing places, todo el día!) y estoy de

vacaciones." Bueno, that really set him off. "Ah, he hissed, conque la CHICANA no quiere opinar sobre teatro (genre que no se había traído a colación up to then!), sobre literatura, sobre cine ¿eh?"

Finally, he turned to Pierre and asked to borrow his fork, pero de repente le dice al vato in front of him, "No, mejor préhtame el tuyo; mejor que pedirles na' a ehta gente tan *fría* al lado . . ." That was it. That did it. Me levanté bien drama queen, y salí corriendo, enfurecida, del cuarto, followed by a slightly-baffled, very sleepy Juvenile and a medio-mortified Pierre. Pero al tiro, in a towering Aries rage, volví a entrar al cuarto y le dirigí la palabra al Vitale. Yo había supuesto que he was criticizing Pierre's silence, interpreting it as coldness, when in fact Pierre (aunque puede ser un poco snobby a veces) es bastante socially reticent y además distraído. En este caso, era su typical shyness coupled with exhaustion and extreme difficulty just following the rapid-fire, drunken, increasingly hostile Chilean Spanish. Le dije al sapo aquel, "Ud. tendría que darse cuenta de que el idioma que está hablando—bastante mal, conste—*no* es el idioma nativo de todo el mundo en esta mesa. Es Ud. un grosero; no tiene modales. Y además, NO ES POETA (he had, in fact, read some execrable text en lo de La Perrera)." With that I turned and stormed off. Tomamos un taxi para volver a lo de Wilson, and I cried and cried and wrote, de pura rabia, hasta pasadas las 4 de la madrugada. Estaba up to the little crown de la phallic, homosocial posturing de ese grupito.

A la mañana siguiente nuestro host Wilson se disculpó por todo el quilombo en el restaurante peruano, y me informó que lo que pasa es que el Vitale quiere constituirse como "el poeta de la derecha en Chile." Wilson told me que una vez Vitale le había echado casi a patadas de su casa in otro drunken fit, when Wilson had committed the "faux pas" of asking Vitale que por qué éste tenía un retrato de Pinochet in his house. En otra ocasión, el Vitale se había pavoneado con el Wilson about having had something published en la revista "Lo." Wilson cometió otro grave error, asking Vitale what "lo" meant. Vitale, furioso, fue y trajo el Diccionario de la Real Academia Española and showed him: "artículo neutro singular." Para colmo, agregó Wilson, Vitale es super machista y misógino. Me dijo que I'd really "wounded" him con eso de "Ud. no es poeta." Whatever. Qué ser mas *in*feliz (y *no* es poeta).

Bueno anygüey, cierro for now. Estos giant porteño mosquitos are trying to bite my hyper-sensitive cuerpo here en el comedor where I write. I need to bail, pa' arrimarme to this fantastic anti-mosquito gel thingie que tienen en Buenos Aires (como esos Glade room scenting gels, you know, pero these matan mosquitos!), that you just plug in. A cualquier enchufe. Pero we only have it en las recámaras por las noches, capaz sea venenoso . . . Ha oscurecido; no tenemos running water en el baño. Refrescó *algo* hoy but it's still fundamentally a spongey pantano I'm living on. Buenas noches.

Los Angeles Cuenca Crónica

23 July 2002
Los Angeles, Califas
For Laura Chávez Silverman and for
Howard T. Young

Drove to the Beverly Center with Pierre yesterday—slatedly to
perceive los Fall sales. Pero I found the whole thing incredibly
pueblo, almost sordid! I used to think el Beverly Center was
quite the abeja's rodillas, pero me pareció extremely DOWN on
its talones. I will NOT be returning any time soon! Ugh!

The "Le Sportsac" shop, whose opening I had been eagerly
anticipating (ya que como sabes I've adherido incondicionalmente
a los Sportsac since they very first came out, creo que en los early
80s), failed to yield anything of note. In "Macy's Hombre" we were
prácticamente sprayed against our will by several over-the-top feliz
sales okes, who failed to perceive that I know what's *what* en
cuanto a los perfumes. There is actually a new perfume called "Sé
xūal" (spelled like that, te lo juro, with accents and diacritic marks
and extra spaces all over the show). I sprayed it on a little card and

wrinkled up my nose at its acrid, obvious bouquet. "Not for me, not for me," I veritably screeched at the approach of a slinky-hipped, black clad spritzer. "It's the ONLY perfume made today that contains TWO ACTUAL aphrodisiacs," he crowed triumphantly. "I *said* 'not for me,'" I whimpered. . . then I seized upon Thierry Mugler's new, eponymous "Cologne." "What's this," I asked another black-clad experto. "Oh, *that's* his latest," he whispered reverently. "I can see that, I meant, what is IN it?" "Well, it's um, kind of . . . green and soapy," he ventured. By this time, after having sprayed it on a card and finding it mildly intrigante, and then anointing Pierre's forearm, I quickly pronounced: "It's expensive 'head perfume,' is what it is!" (Así bauticé years ago, remember, todas esas cheap yet oddly scintillating *colonias* they use in Spain, everywhere: on necks, chests, sobacos, and babies' heads especially, hence my apodo.) Of course, the sprayer-okes looked at me as if I were insane. Sigh.

Sad, el único perfume of interest, a postmodern reciclaje of that "Acqua di Selva" we used to get in Madrid farmacias! Or, OK, OK, to be generous, a very slightly more idiosyncratic "Acqua di Parma." Pero in any case, *totally* the opposite of Mugler's chocolate- and patchouli-laden, heavy, erotic "Angel." Maybe that's precisely his point con este "Cologne"? Still, I am numbed, disappointed. It's nice enough, but somehow, too benign, casi hasta insípido.

I'd forgotten completely there is *no* Nordstrom at the Beverly Center, so entramos a Bloomingdale's, only to abjectly wander about, un poco demasiado miope without my glasses, only finding, finally, a hugely oversized DKNY puffy, quilted black hobo-type bag en microfibra, with which I was marginally enchanted hasta que Pierre proclamó I looked exactly like I was holding onto a hedgehog!

Of course, para entonces (after semi-disastrous try-on sessions at "Arden B"—shockingly trendy but very cheaply

constructed—"Macy's Mujer" and my old standby, "Express") I
was *strictly* looking at accessories, since I've been having body
dysmorphic moments for the past couple of days (pre-rule),
feeling irredeemably enorme, alien, BLIMP. I know I've at least
had a definite moment, a couple of years ago—OK sort of on
and off toda la vida, really (bueno, since I grew up, es decir:
desde que dejé de huifear coca y no tener auto y fumar
cigarrishos y caminar everywhere and was, then, a thrillingly
skeletal size 5 y hasta a veces, un size 3)—cuando los GAP
bootcut jeans size 8 Long fit quite generously on me (and I
could even wear a 6 en algunos brands: ooh, the Holy Grail of
the size 6!!). Pero ayer te juro que the 8L fit just . . . FINE. And I
had this funhouse-espejo feeling of utter failure and "normalcy,"
of being after all a TRUE size 8 (with pillar-like, espárragos
blancos thighs), which everyone KNOWS is a fucking former
size 10 or worse (since los designers keep making sizes smaller
and smaller, so stars like Lara Flynn Boyle y la Jennifer Aniston,
la sosa de la wife del sosísimo Brad Pitt, can inhabit the formerly
unheard of—and in fact, literally NON-existent—size zero, or al
menos a 2!!!).

Pero, dejemos esa dysmorphic disquisition. Anygüey, I
wanted to go over and visit you since we weren't that far from
Rancho Park, pero ultimately decided it was too hot and I was in
too depressed and gumby a mood, so volvimos a casa. Please
forgive this little fit of narcisismo. Usually I can dissuade myself
from these total neurotic excesses by focusing on something I
DO (I mean *sometimes* I can): such as writing. Or I try to
remember edifying, pro-mujer statements made by attractive
women I admire, such as Lauren Hutton, Diane von Furstenburg,
even Diane Lane, pero this strategy flat out failed me yesterday.

I really do need to get some perspectiva, though.

I mean, porque we had in fact narrowly missed a road
rage-induced flipover accident on the 10 West. Traffic slowed to

a crawl, weird for a Sunday, although admittedly growing menos weird every year that goes by in this Los Angeles cuenca. We put on the radio and heard "westbound on the 10 in Covina, at the Azusa exit. . ." and I looked up and there we fucking were! Right there en la salida para Azusa. We heard "suspect seen brandishing a weapon, firing upon samaritans who arrived at the scene of the accident. . ." y la gente estaba panicking around us, allí nomás, cars turning left and right, trapped, swarming illogically, like those giant red and black fire ants we used to turn into armies and make fight each other in jars en Zapopan, remember? And we inched toward the right, para salir del freeway, pero we were funneled back on by a gull of waving and whistle-blowing cops. And there were flashing lights, sirenas, ambulancias, broken glass, looky-loos clogging up the 10 E on the other side y una camioneta with the rear window shot out next to a Saturn sedan on its roof, smashed almost flat, not 18 inches from our very own inching-forward car.

Camino a casa, after that fruitless and designer brand head perfume-tinged vitrineo, we again turned the radio on and sure enough: "the 10 west in Covina at the Azusa exit's been a parking lot for AT LEAST four hours, while the CHP searches for a bullet casing. The suspect has been apprehended and we're hoping to get traffic moving soon. . ."

Can hardly believe it's been almost a year that we've been back from Buenos Aires. Welcome to L.A.!!

XI

Anti-Suicidio Crónica

9 de mayo 2003
Los Angeles
Para Paulina Vinderman, Happy Birthday
And for Etienne Joseph

A splash, a scattering of little kids along Arrow Route, como fat
bright raindrops en este too densely rain-threatening para
southern Califas early May day. On some preschool outing,
supongo. Como expressionistic paint spatters, con los teensy,
primary-colored mochilitas, T shirts y miniature, so un-hip
(hop), form-fitting jeans.

   Me recuerdan (me *hacen acordar*, says the casi-automatic
piloto 'Tine correction encoded in my memory) de ti. De ti,
Joey, en los long-ago days cuando yo te vestía. Cuando te elegía
la ropa e incluso no te gustaban los pants, ni hablar los stiff,
constraining jeans. Usabas sweat pants, y hasta esos cute, mail
order Lycra stretch bike shorts. How you'd laugh about it now,
seguro—tan resolutely uncomfortable with anything even
remotely unconventional—si te hiciera mirar las fotos de when

you were four years old, ese verano en España, remember?
Grouch, grouch, *grouchy* por el way too hot and dry, no air
conditioner Castilian summer, con los mosquito bites y la
unfamiliar food. Ya para entonces te habías vuelto bien picky.
Yeah, con tus little saltwater sandals and your baby Converse
high-tops in citrus colors about which seguramente en esta tu
actual teen-encarnación you'd say, "that's soooo 'gay,' mom . . ."

Oh, I know it's "only" semantics (my culti studies, childless
friends me dicen), pero ¿cómo llegamos a esto, Joey? ¿Cómo
llegamos a este lugar, en el que tu máximo insulto, glibly and
frequently (and unconsciously?) tossed—all-purpose—is an
epithet hurled, like a hate-fueled meteor, de otro planeta?
Marciano homofóbico. My Favorite Martian. Are you (still) mine?
¿Qué hay en ti de mí? Hello in there. Anybody home?

Pero heme aquí, shit, just listen to me, rumiando about
subject positions, about la adolescencia posmoderna y el
significado de la maternidad, tu naciente léxico homofóbico and
how much I pray que es sólo de la boca pa' fuera, peer
pressure, and contemplating my oh-so-progressive vida and
learnings and teachings cuando lo que realmente necesito decir
es how triturada I feel.

The San Gabriel mountains look so close. Smoky mauve
hillsides in this inappropriately gloomy, eerie mid-day mist. Must
be heather, young grass pushing up en esas laderas (oh, amo
esta palabra—*ladera*—learned in Alazraki's Latin American
poetry class, te acuerdas, Frances? Te acuerdas, Carmen Ivette?
Me pareció una palabra tan romántica, misteriosa . . . nothing
like *slope*) after the forest fires reduced it to black ash last fall.

So far away, so long ago esos incendios seem now. Only
last September. ¿Eso fue antes de que me dijeras 'fuck you'?
¿Antes de que comenzaras a mandarme a la mierda every day?
Before I would become inured, finally, able to take those words
in and just sit there, impasible.

Pero OJITO, eh? Si estoy tan inured, why oh why me pregunto, right now as I approach the red light at the corner of Claremont Blvd. and Foothill Blvd.—la mundialmente famosa Route 66, running right smack through el Inland Empire donde vivo (el periódico ponía, the other day, que 909 es el area code más abyecto, más white trash, más the-house-that-meth-built, más trailer park, más peinado mullet, más rascuache, pero hey, yo estoy aquí para significarlo de otro modo, OK?)—why entonces digo, anyway, this sudden urge (como el Cortázar-mandrill urge, como el leap over the guard rope and poke the Chagall urge) to gun it, right through this semáforo en rojo? Sentir que el metal de los otros autos hace impacto y se incrusta en el del mío, como en ese Rosario Ferré story about the car crash (where I learned the word *incrustar*. I mean, really learned it). Sentirme triturada, run through, obliterada.

Para no tener que oír más tu desprecio. Tu indiferencia. Tu odio. Soez. Dismissive.

Y . . . (pausa porteña) no. ¿Cómo voy a pretender representar, representarme, even for one luxurious minute, como alguien deseante de que la trituren? This rich, heroin-inflected glaze, la voz de la Lucinda Williams en su latest—and definitely not very commercial-CD canta, growls, drawls, southern accent heavier than ever, casi hasta ininteligible en places. Yeah, don't flatter yourself for one minute that I'd really do it—pedal to the metal—soy demasiado sensation junkie. Y ese deseo just keeps on pulling me back from any brink. De cualquier acantilado. Every time.

No. No podría ir, really, a ningún lugar where I wouldn't be able to laugh about how Aaron, el alterna-boy, nuevo secretario at work, me recuerda, dead on, a mi dead-at-35, dead of his too-big heart, roquero cousin, J.P. Couldn't go to a place que no incluyera esta bourbon slip and slide of a voice de la Lucinda Williams—lazy yet disciplined a la vez—singing about betrayal,

siempre so much traición, singing about listening to Neil Young
and driving up the coast, cerca de Ventura. No podría ir nunca a
un lugar without this sudden burst of tiny, live bodies by the
side of the road—like birds flushed out by a hunting dog pero
para el único objetivo of my eyes.

Oh, mini-children, tan pre-resentimiento. Tan antes del
pain que constituye la adolescencia. Que te constituye. Estas
small criaturas tan vivientes, laughing.

On the Road Crónica

18 agosto, 2002
Los Angeles
Para Elizabeth Reavley y para John Carlos Rowe

Cuando tenía 17 años, maybe 18, me mudé a la casa de mi
novio de entonces, a British-born Kawasaki off-road team
mechanic and part-time racer. Yeah, I moved in con él, y con
sus 2 male roomates. I didn't have a job for that summer en
Santa Cruz so me fui con todo y mis $400.00 para vivir en esa
bland, one-story, all-male house en los suburbs de Orange
County. En Fountain Valley. It was pretty awful. Lo más exciting
que me pasó fue when I was sunbathing en pelotas en el
backyard, lying there sweating, lamenting being tan close to the
beach, pero sin auto, plus I didn't even know how to drive yet.
So allí estaba, trapped, consigned to that smoggy, inland,
crabgrass-filled yarda. Y el vecino, un fornido gringo
housepainter whose wife seemed to be permanently "visiting
her sister," intentó jump the fence pa' "get to know me." Otro
exciting highlight: fuimos camping in the desert once (tú sabes

que lo outdoorsy is really not my forte), y de noche fui a hacer pis and I guess I peed on top of some poison oak—you can imagine cómo pasé the next two weeks . . .

Aprendí a conducir en el battered, butter-yellow Dodge Econoline van de Paul Nyland, el novio. It was HUMONGOUS, and only had those big-old side espejos pero the back was blocked por unas cortinitas bien coquetas and of course, by the two huge motocross bikes we were hauling. So, comencé a drive around en círculos on the dry lake bed, at first, then I began to back up over my tracks, siguiendo las directions del professional-driver boyfriend. And then I started thinking damn, esto está chupao. Getting good and cocky, following this little dirt road y de repente veo que ALL OF A SUDDEN, como right out of nowhere, estoy headed for the freeway on-ramp. Y miro medio de reojo y Paul está passed out en el front seat (after a long, hot, dusty race, the whine de los dirt bikes was still ringing in my ears, y yo ni siquiera había estado racing) y John Southwick, el roomate, y el otro roomate, Steven Bovan (killed unos años después by a bullet in the parking lot of the Newport Beach "El Torito" on a drug deal gone bad, the night before I had a paper due in the Contemporary American Fiction course del John Carlos Rowe, pero esa es otra) también passed out in the back. Y veo los freeway signs que ponen no sé cuál Orange County freeway, on a Sunday afternoon, heading west from the desert.

Los lanes looked like little threads, o más bien like peppermint ribbon candy shimmering a little bit porque se aproximaba el sunset y había un glare insoportable. O los little slides in the *Chutes & Ladders* game: too-skinny, crooked, curving. Negotiating them took todo el self-control and visual and mental powers I'd ever mustered. (Ya sé, this is ridiculous, born and bred en Califas, pero this was my first experience driving en un freeway, thrown, cual lamb to the slaughter.) Los carriles were filled to capacity y yo tuve la sensación de que para change lanes—decisión que no WAY me iba a atrever a tomar—I'd have to be like *Buff, a Collie*, por ejemplo (my favorite book de la niñez, about un hybrid collie bien heroico), cuando el Buff estaba separating out the mangy, skinny no-name-brand ovejas que otro unscrupulous rancher había metido into the herd of his master's plump merinos. Tendría que bob and weave, all nimble and agile-footed collie, por encima de las espaldas de los car-sheep. Sabía que eventually I would have to aventarme, para get off the freeway, pero mientras I just wanted to feel like a cog in that huge machine, o flow como un droplet in that mercury-glide of a río.

—Fuck me sideways! Alright darlin', just keep driving. Right, darlin'! You're doing great . . . CHRIST! Watch your left, watch your left . . . era mi indicación de que Paul had awakened con un jolt to find himself being driven by his teenage girlfriend on the 91W back to Fountain Valley, at dusk, on a scorching smoggy So Cal summer Sunday. Esto me hizo ponerme bastante más nerviosa. I felt those male motocross eyes on me from all sides—porque John y Steve también se habían despertado—y comencé a sentir esos little bumps—thunk thunk thunk—under the wheels. Sentí que I was losing control, losing it fast and like I'd been driving, like Tom Joad o bueno, at least como Kerouac, antebrazos aferrados a ese huge, sweat-slick volante, for days.

En realidad, I don't remember how I managed to move to the right, through 4 or 5 lanes of bumper-to-bumper in that behemoth, canary colored, motorcycle- and testosterone-toting vehicle. Los boys me recordaron que teníamos que ir a Disneyland esa noche! Shit! I just laughed. Tenía un atroz headache, my whole body was shaking. No tenía concepto de how people could do this every day. Drive. Commute. Juré nunca meterme de nuevo en el freeway.

Mi imagen de mí, the one I'd always had, ever since I was a little girl e iba en los freeways con daddy, solemnly discussing los pros and cons de todas las marcas de auto, long auburn hair windblown in a '57 T Bird o no, mejor, en un cherry red o no, matte black Corvette Stingray, shattered that day, cuando at last logré guide that phallic Dodge chariot-turned-calabaza back into the grease-stained driveway, descender del too-tall bucket driver's seat y balbucear: boys, you go on ahead. I'm waaay too out of it para Disneyland. (I've always hated Disneyland de todos modos.) Y así terminó, precipitadamente, my long dreamed-of driving career. El mero día que comenzó. Bummer.

For at least another 10 years or so, I would be a pasajera only. Soñando con deep, rumbly motors, and the sudden kick of speed con un suicide clutch, that low sexy *thrum thrum* que sólo una Harley emite y que conocería riding con el novio de Linda Bonfield, yeah, toda la pandilla, esos shockingly sweet, Ben Lomond-living, former Hells Angels de Baltimore. Or that beetle-back, jumpy whine of a Porsche que experimentaría con mi amiga la Janet Stagnaro al volante.

And so many other rides: desde los más mundane, como ese teensy Toyota Corolla de la Bizzy Bee, that could barely make it up the long, rolling hill to UCSC, al Toyota Land Rover jeep en el cual íbamos—almost testing out el roll bar en varias ocasiones— con John Gose and Mark "Surf" Johnson, driving the Pacific Coast Highway south, past Nepenthe and Esalen, down past the blur of Big Sur con esos mystical three white sharks circling in the roiling aguas below, down, a la casa del rich producer daddy de John, en Palos Verdes Estates. John era el que me dijo una vez, sizing me up desde sus acid trippy eyes en el dorm en Cowell College, damn Suzanne, you'd be a good man . . . um, if only you weren't such a good woman. Anygüey, un chingo de rides, te digo, pero in *all* of them, for many many years, yo iba de pasajera: joint-roller, neck-masseuse, station-changer, storyteller.

Bess, que este cautionary tale te sirva while you're living con el novio allá en Texas. Creo que esos 3 meses de Orange County

teenage housewife are burned forever in my memory como el
tiempo más desesperadamente aburrido y denigrante of my whole
life. Me sentí absolutamente desprovista de identidad. De purpose.
Y eso que el Paul *really* wanted to marry me, a cada rato me lo
estaba proposing. Y sus roomates eran *super nice men* que
ostensiblemente no pretendían take advantage of me or nothing.

The only other time in my whole life—desde los 16 años—
that I haven't worked, también me deprimí un huevo, even though
it should've been a real happy time. Esto fue right after my baby
was born, y yo había estado en un car accident while I was
pregnant y tenía a few months of disability. En esos few short
months de no trabajar, de vivir con un relentlessly negative and
emotionally-caustic marido, hasta dejé de arreglarme (de
"producirme," como dirían en Buenos Aires), yeah I know it seems
unbelievable, for *me*, pero it's true. Like in one of those richly-
stenciled, movielike, long, long dreams, donde it feels like you're
sleepwalking bajo agua: that was my life con el padre del Juvenil.
Y sólo me desperté cuando Antoinette, una ex-student, ran into
me en el Safeway in Davis, Califas, where I was forlornly pushing
the 7-month old Joey in the cart and vainly trying to escoger entre
a too-dazzling array of tomatoes, y ella me dijo "Maestra? Uy, pero
casi no la reconocí." In that instant me vi—in Antoinette's seeing
me—I guess for the first time in months. Bueno, in almost a year. I
looked myself up and down en esos vegetable mirrors, bien
sheepish, y me di cuenta that I was wearing red, fuzzy slippers! In
Safeway! Nunca había hecho una cosa así in my life! Pero there I
was, in slippers. You know, esas hideous pantuflas como las
housewives in newspaper cartoons wear?

Pues, eso lo tomé right then and there como allegory de mi
vida. De mi vida de casada, de grocery shopper, de stalled
doctoral student. Ese casi no-reconocimiento de la Antoinette,
my hyper-reconocimiento, totally de repente, in slippers. Me
separé al mes. Pero anygüey, esa es otra historia.

Otra vez en Hurlingham
Crónica

9 June, 2001/14 enero, 2004
Buenos Aires/Los Angeles
Para Gustavo Llarull y para Paul Allatson

Una reconocida crítica literaria, novelista y poeta argentina
(residente en el "exterior") me preguntó hace unas semanas,
barely concealing a delicate mueca of distaste, "¿Pero por qué
querían Uds. ir a Mataderos?" I can only imagine lo que habría
dicho about my urge to go to San Antonio de Areco, los pagos
de Don Segundo Sombra. Oh my god . . .

    What could I have told her? Intento ponerme en su lugar
(what IS "su lugar"?): would I find it strange, ridiculous, o hasta
ofensivo que algún extranjero o turista, algún foreign scholar
"americanihta" (because in some sense I *am* that—sorry
Baudrillard—*also* that, y qué?) quisiera ir a conocer un ranch in
the Califas Central Valley, o en Wyoming or one of those ranch
places, for example—the "wild" west—o Las Vegas, el Ontario

Mills Mall, Disneyland, Cape Canaveral, Manassas, Hollywood & Vine? Anyway, what can I tell her? Que ando rahtreando los pagos/pasos del mismísimo Second Shadow, del apasionado Echeverría, de Sarmy himself?

Los pasos de mí mihma, también. De quién yo era cuando engullía la literatura argentina, de cómo comencé a leerme a mí misma en (la literatura) argentina . . .

Note to Gustavo (14-I-04):
Voh tenéh una crónica dedicada, pero creo que me vas a matar porque la crónica "sobre" our million times in Hurlingham da tantos rodeos como aquesha nuehtra ill-fated odisea hacia San Antonio de Areco, y acaba ponderando la globalización, la identidad (nacional, argentina), writing, bla bla. You know, mis obsesiones de siempre. So, te debo una, eh? Anyway, read this, below, donde le explico a mi colega australiano, quien te comparte la crónica, in my weird cyber-geografía.

Note to Paul (14-I-04):
Looking for one last puzzle piece para cerrar el libro, my (pre) Crónica "Otra Vez en Hurlingham." Reading the L.A. Times this morning, resulta que this writer, una tal Robinson, has published an EPISTOLARY novel, and the review was bien laudatory and it starts out something like: who's even "heard of" such a thing as telling a story through letters, una novela epihtolaria después del siglo XVIII? And so, me siento vindicated, prescient, buoyed, lifted. Siempre he dicho I can only write when I know there's someone on the other end. La correspondencia es mi métier; I need the structure and the feeling of an interlocutor pa soltarme.

Anygüey, finally found the Hurlingham crónica among my ancient Emails. Siempre me dicen que I must've been Argentine en una anterior vida y la verdad it *was* mega-'Tine of me, que esa crónica never actually should turn out to be ABOUT aquel ill-fated trip through (and back around and through yet again!) Hurlingham con mi amigo Gustavo, in which we basically drove around in circles, muy Winnie the Pooh y sus compinches, in Provincia de Buenos Aires, in Gus's small car, cargado to the hilt con esa expensive as hell nafta which kept wafting nauseatingly back to me en el asiento de atrás. Crestfallen y frustrados (it had looked like such an easy stretch, esa carrretera 8, I think it was, en el mapa; I estimated an easy hour and a half drive: pues en tus dreams, muñeca!), we returned, finally, to República Arabe Siria 2847, 3°B, rendidos del esfuerzo de intentar shegar a San Antonio de Areco. Gustavo even had to have a lengthy winter siehta to fortify himself before going out to dinner con Pierre y el Juvenil y Justina (la entonces-girlfriend de Gus) in an equine-themed—te lo juro—restaurant in Buenos Aires.

Pero anygüey, esta croniquita que te digo, "Otra vez en Hurlingham: Notes," turned out, instead, to be una especie de RODEO (like our actual drive had been!): a little mini-rant/explicación contigo about why I was using the phrase "el monstruo de la globalización" in my essay, *sans* footnote. Bueno, puzzling through esa explicación, comienzo a hablar de la Feria de Mataderos, la identidad (nacional), etc. Remember?

Note to self: Answer to Paul's Email:

What do I mean, how could I "just" write "el monstruo de la globalización" en mi ensasho sobre la poesía argentina actual (without appending one of those explanatory footnotes you deploy with such consummate skill)? Bueno, Paul: put this en tu pipa y fúmalo. This, what follows, is what I'm living/breathing now. El discurso en el que me veo/leo enmeshed. And *Clarín* ain't no zurdo-tract either! Hardly! La globalización is a toss-off term here. It's everywhere, all around me, and it ain't pretty. O, para algunos, algo menos inflamed, quizás, máh sofihticados, la "glocalización." Te lo juro.

Titular del *Clarín*, hoy (9 junio, 2001): "La feria de
Mataderos cumple 15 años." A big huge despliegue of
nacionalihmo popular, regional, anto-globalizador! So you tell
me: am I vindicated ante la famosa crítica literaria, or have I just
fallen prey to some ludicrous marketing crap/trap, however
"Argentine"?

Pero esto, lo que dicen en la nota del *Clarín*, lo sentí en
Mataderos. And lived to tell.

"Frente al inevitable fenómeno de la gobalización, la
cultura de los shoppings (sic=malls), y del fast food, Buenos
Aires guarda un espacio donde sobrevive otra IDENTIDAD
NACIONAL. La Feria de las Artesanías y Tradiciones Populares
Argentinas se mantiene FIEL a la música, los bailes, la comida y
la ropa típicos de las distintas provincias (*Clarín*, emphasis
added)." Tomá sha, me gustaría decirle a la Delfino de la UBA,
remembering her squelching, condescending, monothematic
reply when I asked her my innocent questions about regional
and ethno-racial identity vectors back in September (seems like
aeons ago!). "En la Argentina hoy," she intoned, "IDENTIDAD =
memoria." Full stop. Over and out.

"Allí [en la Feria de Killer], continues the *Clarín* article,
sonidos, sabores y aromas se entrecruzan. Surgen de los 400
stands de artesanías y comida que transportan a los visitantes a
lugares alejados del Obelisco y de la Plaza de Mayo, rincones
con su propia identidad y cultura."

Esto lo sentí, Paul. I felt this. Me sentí contenta (NO
contenida!), abierta, sensorially pricked by the smoke, the sweat,
the sliding alpargatas and facones of Killer. Aun entre el ever-
hovering guilt (c)académico of worrying about possibly
tropicalizing (o gauchifying) "lo argentino," me comencé a
mover diferente. Juxtaposing the locro- and parrisha-scented air
in Killer with memories de cuando sho mihma había cantado
chacareras con varios grupos folklóricos de argentinos y

chilenos exiliados, trying to heal the anguish of their exilio and their onetime-battered bodies con cheap Califas wine, charango, my committed contralto, sexo y revolución a todo dar, mano.

"La feria nació con la vuelta de la democracia. Me parecía importante recuperar la identidad nacional, quitarles a las fiestas patrias el sentido de autoritarismo que les dio la dictadura," recuerda en *Clarín* Sara Vinocur, creadora y coordinadora general de la Feria. "Con marchas y firmas de los vecinos logramos impedir que se privatizara y que se convirtiera en un lugar tipo Disney World para los turistas . . . La feria tiene un sentido GENUINO y mantiene su actualidad FRENTE A LA GLOBALIZACION," interepreta Vinocur (emphasis added).

Me dicen algunos intelectuales lefties porteños ah, esa Feria . . . no, no conohco Mataderos, para qué? Es algo programado por el gobierno de la ciudad, armadito para turihtas, no? Les intento decir algo así como lo que resume la Sara Vinocur, en Clarín, pero no me sale. No me resulta. Y me tildan, puede ser, de just another tourist, a fin de cuentas an outsider que jamás podrá realmeeeente CONOCER la Argentina, somos un país con una hihtoria taaan compleja, mirá voh, el peronihmo, ah inexplicable voh no ehtuvihte voh no lo vivihte voh *nunca* entenderáh del todo.

And why on earth *would* they, after all, born and raised in Argentina, en el corazón de la ciudad de Buenos Aires de los 44 barrios (or over 100, depends on who's counting) want to waste a perfectly good Sunday on which they can be munching their facturas sipping their mate o cafecito smoking their zillion cigarrishos reading their 3–4 diarios, one after the other, or another scintillating bit of lite 'Tine lectura, tipo a chapter de D & G, perhaps (no, no Dolce and Gabbana, ob-vio I mean Deleuze & Guattari!)? Why *would* they want to des/plazarse del Barrio Norte, Belgrano, Palermo Viejo, Recoleta, or further out, La Lucila, Victoria, Béccar, San Isidro to watch a bunch of raquítico horses and PoMo teen gauchitos thrust little sticks through rings and shuffle about?

My secret, entonces. My secret garden? Porque he visto mover las alpargatas y agitarse pañuelos; he visto volar los cascos y caer fustas sobre flancos, and *not* for my eyes (only).

Lost and Found Crónica

15 July 2001
Buenos Aires
For Andrea "Chabelita" Gutiérrez

Siempre tiene que ser radiotaxi. Now more than ever, dice la
gente. Que robos, que atracos. Que bandas de ladrones y
matones who climb right into the taxi, combinados con los
taxistas, y te golpean y te roban y te hacen go to the ATM and
take out all your money y a veces hasta te llevan de rehén and
they call someone pa' pagarte el rescate y en nuestro caso, well,
who the FUCK could they call? Who would save us here?
Anyway, como woman alone en la cashe, todavía con más
ahinco me apego a los radiotaxis. Entre todos los drivers
"truchos" (fake), y otros bien surly, y los que se saltan los red
lights o se lanzan, a lo macho, al embihte o ni saludan o te
echan un discurso bien facho, we've become muy fans de Green
Wave, "Onda Verde." Pero el viernes, outside "nuestro" café,
mine and Paulina Vinderman's, corner of Scalabrini Ortiz (ex
Canning) y Santa Fe, pues "Onda Verde" no había por

ninguna parte and there was an icy wind and I jumped into the
first taxi my blurry night vision identified—por su whirly top
light and door sign en la puerta trasera y su imponente antena—
as a radio taxi.

Al subir, inmediatamente sentí ese como frisson de
weirdness my "septieme sens" always helps me feel y los little
hairs on my forearm stand straight up y OJITO, me dije, this
dude's out there. Yo a veces les entablo conversación, just to be
polite, cancherita, pa transmitirles buena onda so they take me
the right way, the fastest way y no me desvíen ni me roben or
worse. Este era un señor algo mayor, de gafas, parecidísimo a mi
amigo from college, el mexicano Noé Chávez who studied
portugués conmigo y NUNCA, pero nunca le pudo dar la
correcta nasalización y era siempre tan y *tan* mexicano. Anyway,
al taxista right away le noté un acentito, not too specfic, I mean,
OB-vio no era ni cordobés ni santiagueño ni del Chaco ni de
Catamarca ni de Misiones or Tucumán or any of the other
acentos del so-called "interior" (máh bien INFERIOR, the way
the porteños talk about the rest of the country . . .). I've learned
to recognize so many of them. Tan diferentes, todos, del
Italianate porteño whine. De esas "zh" que ahora a casi todos (al
menos north of Rivadavia and especially northwest of Santa Fe)
les salen "sh." De esas vocales tan abieeertas y especialmente de
ese tono, tan parriba, tan pleading, tan *sobeeerbio.* No.
Definitely, este taxista no era porteño.

¿Es Ud. entrerriano? I tried. De Santa Fe, me confirmó.
What an ear, comencé a congratulate myself. Heredaste your
daddy's ear, eso que él podía identificar cualquier acento
regional de Estados Unidos. Well, especially around the East
Coast, te lo juro, within about a 100 mile radius. Pero entonces
el taxista se puso a preguntarme which way I wanted to go. Ay,
esto me choca! Aren't the taxistas de una ciudad supposed to
know more than the pasajeros? En New York, Chicago, Madrid,

nunca te preguntan ¿quiere que vayamos por el Bajo o por Cabildo? And how the hell am I supposed to know? ¿Es esta mi ciudad o qué? With a jolt, me doy cuenta de que yes. Now, it is. More than any other en el mundo, quizás. I can. Le puedo dirigir y hasta fingir ser de aquí si se me da la gana.

De que la conozco te conohco, Buenos Aires. En tus íntimos recovecos, tus casas-salchicha . . . I mean "chorizo," tus one-way streets and cortadas and pasajes and Juan B. Juhto and Hospital Rivadavia and Hospital Fernández y Librería Norte y Sandro and the video stores y Mundo del Juguete y Hooker (not what you think!) and Empanadas Güimpi and el Cerdo Ecológico and all the kiohkos y mi kiohkero that dyes his hair ash blonde y la mujer mayor que a veces atiende instead of him, right across from Farmacia del Botánico en la Avenida Las Heras. Esa mujer que era tan y tan sweet con Pablo Zambrano in those hellishly humid February days when he was here. Parece hace una eternidad, in this biting July cold. Pero luego la ehcuchamos un día, chismeando con los vecinos sobre un señor gay que había comprado la felicísima revihta *N/X* y *bueno* . . . Supongo que she must've done the same thing behind our backs cuando Pablo y yo íbamos a comprar el *Hola, El País* y OK, también el *N/X*, about which we'd laugh and laugh at the porteño feliz personal ads. (Coño, a la vez prolijos y reprimidos—no les cabe un piñón por el culo, as la Frances used to say—even in their queer personal ads!) Pero it's hard to tell a veces with porteños. Nice to your face.

Anygüey, le dije al taxista santafesino que he should continue down la avenida Santa Fe and turn south on Pueyrredón y cómo esa wide, long street me gusta. Down, down. Shops getting more and more pueblo and then directamente cutres as we approach the Once train station, Plaza Miserere (Plaza Misery, le digo) or Plaza Once, which I had imagined, antes de llegar, was going to be so beautiful, so

HISTORICAL. And pues historical quizás it is, pero bien poco de beauty, of the kind I was looking to find, cuando primero shegué. Continuamos, and I know I'm going to ask him to turn left on Alsina, eventually, en el barrio de Congreso, and I'll gaze scrutinizingly into dimly-lit and what I imagine are swooningly romantic interiores, donde en realidad la gente probablemente is just watching TV, some bullshit sitcom with the New York Jewish-born, Buenos Aires-bred actorcito and director du jour, Adrián Suar, (né Schwartz, I think) or a game show or something with la pneumática y super-operada (oh, how can they stand watching this?) Susana Giménez. Someone will be sitting alone, munching on a cold milanesa, ponderando *la crisis*.

Y en eso el taxista asks me, a vos te gusta aquí? And I can't tell what he's getting at y me siento, de repente, vulnerable on these dark Once streets I don't know as well as Palermo y le digo, y . . . (pausa porteña) sí. Sí me encanta, and I get ready to launch into my almost by-now pathetic (por redundante) speechecito de por qué no quiero volver volver y volverrr a California, pero I am rudely interrupted y me insiste —cómo? Si esto es una mentira! Si esto no existe. Vos vas a salir de este taxi y decir que te tocó un loco argentino, pero te digo que ESTA TODO MAL. Está para reventar. Esto no da más. ¿Y el loco de Cavallo? Y ahora se le casa la hija en plena Recoleta y voh sabéh que él fue quien tuvo que ver con 5000 desaparecidos en la dictadura? And I rejoice, and I think dios mío, ay, cuando tanto taxihta es super reactionary. Ex-businessmen whose business ran aground, y resentido y hasta pro militar. Directamente facho. Pero este . . . Y le provoco sólo un poquitito. —Pues, se me hace que la gente no tiene memoria, le digo, thinking pa'; mis adentos about my fast-looming MLA paper on memory, y los usos de la memoria y pienso what bullshit, mija. Qué vas a decir allí entre tanto intelectual hiperteórico latinoamericanihta, getting ready to do their "tag diving" thang.

They, who've probably never sat in this air-freshenered, tenaciously still slightly sour-smelling taxi hurtling down Pueyrredón at rush hour, conversando con un eccéntrico, politizado al máximo, verbal to the max taxista que practicamente chilla ahora, —Este es el pueblo que votó dos veces a Menem! ¿Qué van a tener memoria? Y continúa: y por decir cosas así me dicen comunista.

And I think OK, this is great, un taxista izquierdihta, just let him talk, we're getting there, we're almost there. To Andrea's. Pero tuve varias veces nearly overwhelming urges to just jump out, right there in Once. You know, esos urges in the pit of your stomach como de los que hablaba con Julio in Berkeley, y él es practicamente the only if maybe not *exactly* the only person (porque tambien me entiende Laura, mi hermana) to completely understand. Like when you're at the zoo, y te da ese urge de agarrar un palito, long and supple, and wait till there are no guards around ni gente ni niños and just give a little tiny poke at the baby peccaries suckling all cute and somehow a la vez repugnant allí, con su mami with her huge tusks y nada más. No les quiero hacer daño, nada de eso, it's just que quiero— necesito—disturb the picture a bit y ver esas stiff little peccary tails sticking straight up and hear them grunt and begin to skittle about. Es eso mismo, almost, what I did that time con mi hermana Laura, en el Zoo de Barcelona, cuando enojamos pero un chingo al male mandrill, his huge fresa-colored buttocks and long, blue monstrous face que se parece tanto a esas trendy zapatillas Nike. I can't even look at those shoes en su multicoloured, globalized, pseudo- *multiculti* fluorescent, aerodynamic stripes, sin recordar esa tarde nublada en el zoológico de Barcelona cuando Laura y yo vimos a esa female mandrill in the cage, all grey and boring como la female de la species almost always is. She was wearing a diaper (probablemente en su período, o indihpuehta, as they say, coyly, here in Buenos Aires) y enfogonamos a su roomate—su cellmate—el male mandrill, y él vino charging over to the bars con ese horripilante bark they make, like los babuinos en Sudáfrica pero louder, lower, colmishos bared.

Bueno, este tipo de cosa se lo contaba a Julio en Berkeley y él nada más me miraba with his too-wideset, green axolotl eyes y me decía *ah, cronopio, cronopio.* Hay dos orientaciones fundamentales hacia la vida: el miedo o la curiosidad. Y vos sos una gata.

Anyway, just leave him plantado, al taxista este, or throw some money at him y salir. Tremendo malestar. Un/ease. —¿Y voh qué creés? Si a mí me echaron después de 17 años de colectivero (bus driver) y ningún accidente, ninguna queja y ahora con 4 chicos y qué voy a hacer? Andate a hacer la queja, me dijeron. Y yo digo que lo que deberíamos hacer aquí, en este país que no existe, es exactamente lo que hicieron los judíos en Alemania. No, yo sé lo que digo. NO los alemanes a los judíos . . .

Feeling one of those mandrill-urges rising into my throat, a punto de gritar, what are you going to say, míster—yo soy *eso*, soy judía, can't you see me?—it's all going to change no entiendo la política en este país, juhto me parecía que íbamos todo macanudo y ahora. You're going to change the rules on me. Vas a articular una atrocidad and I won't have the nerve. I am alone. Mujer. Taxista hombre mayor. Loco. Angry. Furious at his city, his country. Y . . . it's like a slo-mo nightmare—y sí, dice. Vihte? Esos judíos tatuados? I nod dumbly, frozen, pensando en la poeta Laura Klein on her historical, fact-finding mission en Polonia, en la familia de Aunt Gertrude en el campo en Austria, in Grandma Edna in Vitebsk, in daddy staring at his alarmingly large collection of Holocaust photos, shaking his head: all my muertos, mis relatives.

—Pues a esos, los *otros* judíos, los ortodoxos los

entregaron a los nazis, los señalaron. Porque tenían demasiado
dinero. ¿Vihte? No es como se cuenta, como se cree. Y yo digo
que *eso* es lo que deberíamos hacer aquí.

My ears are stinging, buzzing. Mareada, I sink down into
that stinking leatherette seat. No le puedo responder tongue a
wad of cotton I am scared. Temblando de rabia. Y este, ha
pasado de comunihta a wannabe genocida. No me gusta, usan
esa palabra demasiado aquí—genocide—continuamente en los
diarios, en la tele, en esta ciudad pero in this case, coño, it
works, it works. Y él continúa—¿y voh qué creés? La historia
argentina está toda mal escrita, ¿eh? De todos los héroes
argentinos, te voy a contar. Sarmiento, por ejemplo, ¿fue
argentino o chileno? Y yo, by now ready, grimly ready to play
along porque de repente entiendo su sick game, y nada más
quiero, necesito que este ride be over, over, le respondo,
confidently, —*chileno* (ah, I cringe pa mis adentros: my students
would kill me!).

—Y claaaro, he crows triumphantly. Y esas maestritas que
importó Sarmiento, pues digamos la verdad: eran todas
prostitutas, ¿no? Y yo soy partidario de la verdad, la verdad! Y mi
cuñada tan beata, y estudió para monja y todo, pero es una
puta, una PUTA que ha abortado no sé cuantas veces y yo se lo
digo. Le digo pues al menos yo sé quien soy. Y soy quien soy. Y
ya está.

Bile rises y cómo, esto no puede ser and oh, just get me to
Andrea's; esto es interminable. —Y el otro héroe, Güemes (y
pienso en mi intersection en Barrio Norte, y pienso en Gabriela
Mizraje y sus decimonónicas y orgushosas explicaciones sobre
los street corners y sus corresponding national heroes, machos,
hombres. O mujeres en necesidad de . . . no, not a good
spanking, de un buen rehcate! That's Gaby: self-assigned
rehcatadora de la mater-patria . . .). ¿Vos sabés cómo murió
Güemes? ¿Dónde le hirieron? I shake my head. Pues en el ano.

Sí, *el ano*. I can't be hearing this, me maravisho. Ehto es como
una agresión, pienso. I flash que este tipo está a un paso de ser
rapist. (Is this my hypersensitivty to "women's issues"? ¿Será que
sólo puedo hablar, sentir "desde" mi propia experiencia? Pues
simón, carnal. ¿Y qué?) A quién se le ocurre comenzar a hablar
de prostitutas, de abortos y ahora de un héroe nacional with a
gunshot wound up his ass? Deliro. I feel too hot. Sick. —Y no, le
hirieron con un arco, digo con una flecha. Pero en el ano, repite
for the third time. Y como eso no tenía modo de curación
entonces, pues murió engangrenado, ¿te lo creés? Pues sí, el
gran héroe nacional.

—Doble por aquí, le indico. Ya te tengo la dirección
tatuada in my heart, Andi. De memoria se traduce "by heart," ¿lo
sabías? Me sale automática y le digo doble aquí, a la izquierda
en Pichincha, es a mano derecha. Oh Andi, por favor, can't you
be waiting donwstairs like last time, cuando fuimos a vernos con
Florencia y conocí a la famosa Mirta Rosemberg, finally, y
estaban también todos esos fancy-ass poet boyz de la revihta
"tse-tse." Ay, cómo voy a poder comer esas empanadas picantes
que me encargahte porque sabés que me muero sin mi picante,
sin mi comida mexicana. Ay cómo. Pero he stops. Justo se
lanzaba a otra; he is stopped en la vereda y pretende seguir la
charla! Sobre las Malvinas y sho incrédula pero claro, ehtoy
tiesa, stiff with fright y ni siquiera le di, apparently, unequivocal
indicios de mi enojo. De mi *no*.

Y hasta I almost thank him (qué pendeja). I totter out. Toco
timbre for Andrea y baja. She opens the elevator door y sale y
por poco voy a llorar de miedo, de rabia, de alivio y veo que se
cortó el flequisho y se ve muy cute y me agarra de la mano y le
comienzo a contar pero it doesn't come out right y sólo suena a
un cuento folklórico. Pero no, le digo, él estaba loco y . . .
(pausa porteña)—en esos casos no podés responder, me dice,
hiciste bien. And she squeezes my hand reassuringly y huele a

nardo, al perfume oil de "Body Time" en Telegraph Avenue en Berkeley que le regalé y me mira con sus black ojos andaluces just like her daddy's y recogemos las empanadas y si ella se preguntara que why did I only eat one empanada, sho, que adoro lo picante y adoro las empanadas argentinas y nunca pero *nunca* hago dieta, well, now she knows.

Turkish Delight Crónica

Independence Day Gringo, 2001
Buenos Aires
For C. Nick Vidnovic and for María Donapetry
and Paul Julian Smith

At first, me parecía todo chévere. Esa psuedo-jazzy, Gato
Barbieri-ish soundtrack me retrotrajo right away al Nickolodeon
Theatre in downtown Santa Cruz, to my fast-ending childhood,
cuando a los 17 años, creo, entré sola para ver, "Turkish
Delight," que prometia ser una pelicula "rated X."

Roll the credits (oh what a prescient and sophisticated girl,
me diría later): un capo de cinematógrafo Jan de Bont would
turn out to be, not to mention Paul Verhoeven himself, con su
"Soldier of Orange," "Keetje Tippel," "Spetters," plus of course
"Rollerball" and then..all the action bullshit that would bring him
real (léase: international, léase: USA) fame later. Y los actores,
ah, don't *even* get me started. El jovencísimo, blond-maned
Rutger Hauer en toda su Teutonic gloria (before he shaved it
nearly off and platinum-ed it para "Blade Runner," and then,

después, let's not EVEN go to "The Hitcher" or worse . . . ah Rutger: hoekom het jy so B-movie gegaan, hey?); la aun más joven-casi jailbait—Monique Van der Ven, con su slightly Evita-rabbitty smile, su dyed red hair, her Nederlands roundness. Ay, supongo que ahora los dos (especially to Argentine eyes) se verían veritably RECHONCHOS. Fuck. Pero not to my eyes. Especially not then . . .

De repente, ehcucho, and I can't believe my ears! Coño. They're speaking a high, singsong, too-70s ENGLISH! No!!! Detehto like rat poison las películas dobladas. I make it a principle to walk out. Ehtoy a punto de walk out; I've even avoided the video all these years, precisamente porque nunca he podido localizar una copia en holandés. Pero we're there, en el ciclo de "Films Malditos nunca estrenados en Argentina," en el San Martín on Corrientes, y veo como Rutger (as the sexy sculptor Erik Vonk) dispara. Luego está recostado en la penumbra de su ruined artist's pad after Monique (as Olga) leaves him. Everything laid waste, his (kinda cheesy) figurative sculptures, los sketches de ella smashed, food and rubbish all over, y él fija una foto de esha on the wall with his spit, interrupting for a few rabid moments his bacchanalian search, en las calles de Amsterdam, for the "perfect woman" (que no existe, porque la tuvo pero la ha perdido) y comienza a jerk off right there, delante mío, in front of everyone y ehcucho como el público argentino laughs nervously, shifts in their seats and giggles a bit. Even now—2001 (a space odyssey)—even these 2 decades later, tanta represión e incomodidad, si no es la acostumbrada nude tit shot o algún silhouette "artsy" de una MUJER; eso el general public can accept. Pero sho, I'm hooked on Rutger's desire.

Tengo que reconocer/confesar que "objectively speaking" (uf, dizque I'm nie so goed at this), la película isn't very good. Oh, it *is* as good as I remember it, alright. Exactly as I remember

it, y sabes qué? How often does that happen? Digo, except for
the fucking dubbing which they interrupt, tantalising me, for
several gloriously guttural Dutch moments. It must be DVD,
pero por qué carajo don't they LEAVE it in the Dutch? Y
contemplo escribir another one of my famous "cartas to the
management" en Buenos Aires, that I never finish and even less
often, send . . .

Qué me pasó esa primera vez, so long ago? Why did this
particular movie (in all my many moviegoing years) grab hold of
me, reach inside me con toda su overwrought emotionality,
hyper-violencia, and Baroque, dark Dutch humor y machacarme
el corazón? 18 años wide open, giving it away, me decía mamá.
Amante de un hombre casado. Viet Nam vet (era un medic en la
guerra, never shot anyone). Yugoslavian-American. De Little
Rock. Escultor. Yo, ob-vio, era su modelo. Begin to make sense?

Ahora, of course, veo que el film takes place *totally* desde
la perspectiva del hombre-escultor. Desde su gaze, diríamos
ahora. Que la musa/amante-esposa who eventually goes crazy y
le traiciona (well, she has a brain tumor, pero ehto sólo se
aprende hacia el final) is just a sort of little girl-musa, cardboard
figure, una proshección. Very Breton and *amour fou*, and very la
Maga de JC, y supongo que a los 17 o 18 lo compraba hook,
line, and sinker pero ¿y ahora? ¿Qué corno me pasa ahora? No sé
si es que siento lo mismo: el horror ante la violencia y graficidad
(extrema para la época), el shock-thrill ante esas sex-cosas que
los Dutch love to talk about and show: el scat, ah, kom pee in
my mouth, liefie (she didn't), todo eso.

Claro que no. I can't feel *exactly* the same, can I? So much
agua under the bridge. Y . . . (pausa porteña) ahora condoms
aren't just for not making babies, y hay nude (y operados, might
add) cuerpos por doquier, pero entonces. But here and now,
reconozco en mí (aun reconociéndome a bigtime pendeja) the
same feelings I felt then y sin ningún haze de ironía. Ehto es lo

que me pasa. Todavía todo demasiado a flor de piel y reconozco que esto, este tipo de all or nothing, ese tipo de "would you die for me?", como en aquella película irlandesa "Cal," o como en "Damage" de Louis Malle (I know, I know, sha tuve una gran discusión con el mega-crítico, mi pana el Paul Julian Smith about this movie, y sha sé que it's muy "B," y hasta mi amiga y film studies expert María Donapetry tampoco pudo aposharme en mi obsesión con "Daño," pero fuck: it *has* el incomparablemente sinuoso Jeremy Irons, and that haunting cello score, y hasta la insípida de la Juliette Binoche couldn't diminish its grand passion), como en "The English Patient" (de nuevo la boluda de la Binoche: what *is* this, the chick follows me? pero también el Ralph Fiennes y la swooningly perfect Kristin Scott Thomas), or even "Sid & Nancy": ESTO es lo que siempre me pierde. Lo que suscito. Y lo que añoro.

Anyway, lo que supe hoy fue cuán *poco* he cambiado in some basic sense, aun después de todo este tiempo. Bien earthshattering, hey? Que una grown woman, escritora, world-traveller, scholar and mother should be, STILL, tan warm-blooded. Or thin skinned. Sentimentaloida, capaz se burlaría (si bien gently) mi papá.

Ni modo. "Turkish Delight" en todo su ham-fisted, Lowlands, 70s machismo y casi camp—hoy—representación de la pasión erótica hetero me ha dejado desconcertada, wrung out, vulnerable, nohtálgica and as per usual, (demasiado) viva.

Axolotl Crónica

29 julio 2001
Buenos Aires
For Rosemary Geisdorfer Feal
In memoriam, *JC*

Viéndome sentada allí, en ese vinyl-topped, strangely almost 50s Califas-style mesita, gazing embrujada into the little tank, —¿Qué son? me pregunta una casi-hip, slightly *concheta* mujer (podría ser de anywhere, with her unfashionable—para Buenos Aires— curly brown hair y sus cool, PoMo, heavy lucite-frame gafas). Me pregunta, cual si yo fuese la dueña del lugar, de este PoMo lite, matte oxblood-red painted bar en el "pop hotel" [*sic*] *Boquitas Pintadas*, owned por una romántica pareja de young Germans y del cual había estado leyendo todo mi año en Buenos Aires pero nunca antes había puehto pie allí y ahora. Now, just days before leaving quiero engullirlo, engullirte Buenos Aires. Toda.

Anyway, esta mujer asks me, casi como si yo fuese la dueña de *ellos*. De los axolotl.

—Son axolotl, le digo. *Ajolotes*, les dicen en México. Como en el cuento de Cortázar, ¿te acuerdas? Son aztecas. La mujer smiles distractedly, already backing away from me, slowly, cual si fuese sho la eccéntrica, backing up back to her comfortable table para comentar a su boyfriend que esa mujer staring into the fishtank a esas raras criaturas está chiflada. Seguro que le está diciendo something like that.

¿Pequeñito reptil? No. Minúsculo anfibio. About 10" long. Hay dos. Pale yellow (son albinos, luego me contará el hip German hotel owner), entre banana slug y baguette. Oh, cómo te encuentro aquí, at last, chiquititas, with your pale, smooth, mottled skin, tus teensy froggy forelegs y cuatro deditos like a doll's starfish. Los bracitos extendidos, posados like a miniature Gila monster, like a South African legavon through the looking glass, mirando fijamente hacia arriba, hacia ninguna parte. Tienes tres star-prong branquias above each would-be oreja. De repente, rítmica, involuntariamente se caen patrás, flat to your triangular head. Se agitan las cilias delicadas, ínfimas, rosadas como mucosas, like the inside of a chirimoya o una guayaba. Your tiny, gold-disk eyes de centro rosado siguen mirando fijamente.

En eso, Julio, tuviste razón. Pero no sé si en todo lo demás. Ni sé si en mucho más. Eso que escribiste eras todo vos. (Well, what/who else could it have been, nena?) Bueno, sí, admito que hay una fuerte pulsión de espiritualidad in that gaze, en esa praying mantis, Gila monster pose, en este absolute stillness que mira, looks through me, past me.

Suddenly, otro de Uds. se lanza en movimiento. (De esta modalidad, Julio, *nunca* escribiste.) Rapidísimo te desplazas, meneando la colita de polliwog like a hula dancer. Tú, black beauty, I've never heard of your kind (pero ¿de qué color se supone que deben ser? No me acuerdo). Me tinca que eres varón. Además, hombre atrapado. *Contenido.* Ahí dentro. Como boxeador. Like an outclassed middle-weight against the ropes. O un toro acorralado entre picador y banderrilleros. Ay, black beauty. Acometes, branquias flattened, mini-tiburón. Tu flat, wide Aztec boca slightly open, tus negros, pencil lead ojos straight ahead. I bend and crane my head. Mi café irlandés se enfría en la otra mesa. Pero I can't get inside esos ojitos negros. Ay, mini-dinosaurio te lanzas. Tropiezas contra el cristal. Tus delicados dedos rozan, no penetran.

Tus blondas girlfriends estólidas y tú tanto embiste tanta ansia, insatisfacción en tu pequeño cuerpo pero no eres mutable. Ninguna metamorfosis posible. Tanto rozar y chocar pero no logras salir de ahí ni yo entrar. En ti.

Julio, te equivocaste. O este no es el que viste, en el que te convertiste en aquel Jardín des Plantes lejano.

A vos, black beauty, te bautizo mi axolotl porteño. Sos como yo. Animal oximorónico, fronterizo, incómodo, desesperado. En constante movimiento. Los de Julio apenitas se movían, sluggishly rozándose, politely ASUMIDOS en su basic inmobilidad parisina. Pero vos no. Can't keep track of you. Mercurio. Tu pasión es palpable.

Bach fugues playing now aquí en el pop hotel. Me exalta. Me calma. Me recuerda. Yo, a los 16 años (antes de que esa bruja maestra, more interested in fingering charts than in my perfect pitch or my playing by ear or my rock n roll compositions would try to squelch the life out of me and I ran away, ran away, me fugué, Bach, del recital programado, de ti, y por mucho tiempo, hasta del piano). Embelesada con esa perfección. Y ahora heme aquí. "Boquitas Pintadas" en la calle Estados Unidos en el barrio de Monserrat, Buenos Aires. Harpsichord. Y estas rubias, calladas criaturas femeninas. Raised up on their fragile, transparent forearms. Parece que rezan. Meditan en el más ashá . . .

⋊⋉ *Axolota:* versión #2 ⋊⋉

Or: are you a *girl*, black beauty? ¿Me habré quedado
identificándome inconscientemente con el (ya superado, tan
politically incorrect) lector MACHO? ¡Horror! Ay, why did I do
this? Pero tan poco inspiring la otra alternativa, ¿no? La insípida,
"irracional," predictably FEMININE, dreaded *lector hembra.* Just
the word makes me tremble with rage.

Andrea Gutiérrez insiste en que el negro—mi negro—es
hembra. Y no sólo eso sino que es así de grande—henchida—
activa porque está pregnant y quiere escaparse de los confines
del acuario para parir. Los rubios serían, según esta versión muy
a lo Monique Wittig, muy amazónica, unos concubinos súbditos.
Bien secundarios. Y por eso tan chiquititos y dóciles. Me gusta.
Pero confieso que I'm shaken. No sé si me convence del todo . . .
¿Seré una convencional? Una happily-ever-after?

La dueña alemana concuerda absolutamente con mi
versión, pero admite que nunca han tenido crías. Y finalmente
confiesa que no se sabe si son machos, hembras, hermafroditas
o in-between. Y el dueño alemán enfáticamente dice que *no se
sabe.*

Ambas lecturas, entonces. ¿O todas? Ambiguas criaturas.
Decido optar, finalmente, por la relectura de la Rosemary de
Julio. Ay Julio, ¿qué dirías si supieras que la *queer theory* was
being wielded . . . well, not against, exactly pero definitely on
you, about you, around you, all over you? You'd fall out
laughing, me parece. Anyway, me quedo con esta feliz turn of
phrase: *la lectora macho.* Y me satisface. Y pienso en la fusta de
cuero argentino que voy a regalarle a la Rosemary cuando la vea
in the MLA in New Orleans in just a few months.

✒ **CODA** ✒
Boquitas Pintadas Pop Hotel

Ahora, un chico pelilargo de ponytail toca la guitarra y hace DING, rhythmically, un gong japonés, dizque in honor of his abuela budista (this type of pseudo-Zen show ha llegado a ser, it seems, terribly au courant en Buenos Aires). Y ahora lee—esto es insólito—de *Historias de cronopios y de famas*. I can't believe this is happening to me. No creo en la casualidad. Is this el *azar objetivo*, o qué? After a year of scarcely hearing about Cortázar, except for a somewhat-poorly attended exhibit en la Biblioteca Nacional—todo es ahora Borges Borges Borges—this porteño Zen hippie ahora entona, "sobre todo no deje de rehpirar por la nariz" (de "Instrucciones para cantar") . . . y esto es increíble. Here I am, gazing embelesada a estas prehistoric Mexican axolotl, pero no en un acuario en París sino en un restaurante en esta tu siempre otra ciudad pero siempre tuya, indiscutiblemente tuya Julio. Escuchando a un guitar player casi tan barrocamente malo como la pianista Berthe Trepat en *Rayuela*, pero que while he plays, recita tus "Instrucciones para cantar." Sin explicación, entonces. Yo. Buenos Aires. Tú. Ellos. Buenos Aires, the force of inevitability pero pronto—just weeks away—la partida. Perhaps por eso ahora entonces. The dense, compact perfection of this rush of experiences. Toda esta simultaneidad.

Días contados. No me iré. I'll be back.

Cono Sur Mitzvah Crónica

7 July 2001
Buenos Aires
Para Susana Lustig de Ferrer

¿En qué otro lugar del mundo, a quién más except to me podrían
pasar estas cosas raras, insólitas? Pero por otra parte, absolutamente
coherentes con mi modo de ser (en el mundo). ¿Cómo a alguien
con mi historia, con mis pasiones e inclinaciones, me tocó de
landlady precisamente la muy judía, muy inmigrante Susana Lustig
de Ferrer, wife de Aldo Ferrer, el Ministro de Economía under
Frondizi? Cuando tengo familia perished en el Holocausto, y a mi
tía Gertrude, princesa vienesa venida a menos (and never let
anybody forget that) porque se casó with my dad's Uncle Morris
Leviloff, hermano de mi abuela paterna, despues de haber sido la
UNICA sobreviviente de toda su familia de un campo de
concentración and somehow she escaped, de niña, and came to
the U.S. pero de MUCAMA, as a maid to a rich family in
Connecticut, y fue allí donde conoció a Uncle Morris, who at the
time was a carpet layer. No importa que después se convirtiera into

one of the wealthiest induhtrialistas de Los Angeles: for Gertrude
the stigma, the *shame* of first having been somebody y entonces ser
la ex-maid esposa del carpetlayer, nunca se le quitaría del todo. Y
ni hablar having been a child survivor, la única de su estirpe.

Te podría hablar horas y horas of how I learned to read
Vogue magazine en casa de la Aunt Gertrude a los 9 años. (Mi
mamá usaba muy poco makeup y si bien era hermosísima y
muy elegante, she sewed many of her own clothes y definitely
NO leía Vogue ni era vanidosa or fashion-conscious en el
sentido convencional). I could tell you de como Aunt Gertrude y
el Tío Morris tenían de vecinos, en esa enorme casa en Encino
Hills, a Sonny and Cher (te lo juro!). De como la tía nada más
comía cucumber sandwiches para stay slim. De sus miles de
cirugías estéticas (when very few were having them), de su
pausado, powdery acento vienés, elegantísimo, of her beautiful,
perfectly-coiffed hairdo and the zillion pairs of identical designer
tennis shoes lined up perfectly en su closet. Todo perfect. Her
self. Su mundo. Cuando le pregunté una vez a mi papá, daddy,
why does Aunt Gertrude have so many pairs of tennis shoes all
the same? Me contestó, well, these things, her possessions are
the one thing she can control, y me contó de como el resto de
su vida había sido una impotencia y un horror tras otro, y . . .
well, I was about 10 cuando comenzó a explicarme eso. Las
neurosis adquisitivas y ordenadoras de la tía.

Pero anyway la Dra. Susana Lustig, my landlady en Buenos
Aires, vino de Austria a América as a little girl, just like my aunt.
Primero a Venezuela y luego a Buenos Aires, hija única, con sus
padres. They waited and waited hasta poder mudarse a este
departamento en Malabia, overlooking the Botánico, y allí se
crió. Y allí vivieron sus padres, y luego de la muerte del padre
en el '80, en plena dictadura, la madre se quedó, hasta su
muerte en 1998. That's when la Dra, grudgingly, y sólo a gente
"muy especial," began to rent it.

Do you have any idea what it has meant to me, the serendipity (was it?) de tener estas wild palmeras de vista, every day, aquí en el sur?

La Dra. Susana me había pedido que le comunicara si me habia encariñado con algo de la casa, para vendérmelo, pues al volver nosotros a California she would probably sell the apartment, y le convenía desprenderse de algunas cosas. Getting too costly to maintain this aging beauty. Con todos los estragos acuáticos (remember? la primera crónica, or maybe la segunda, que mandé? Sobre all the leaks, el pantanoso olor a moho, falling water everywhere!), las ancient cañerías: este departamento needs a complete overhaul, un refaccionamiento total, como dicen aquí. Me interesaba el libro de Pichón-Rivière on Lautréamont, pero supuse que it would be precious to her, a la Dra. Susana, como es psicoanalihta and it's a signed copy. Pero ofreció regalármelo. Just like that! Sé cuánto te puede significar eso, she said. Y es sólo una persona *muuuy* especial que puede necesitar este libro.

Pero lo que me apasionaba más que nada es una small acuarela que hay en la recámara principal, her mother's bedroom. Es como si fuera a child's drawing: telúrico, magic, pale, fruity tropicolores. Se llama "Un lugar en el mundo" y la artista (ehtoy convencida de que es mujer) parece llamarse (it's hard to decipher the signature) "Cid Herrera," and it was painted in 1975. Just one year before all the unleashed horror. Y es "un lugar" idílico, calm, edenic, con una mujer-niña de perfil en el centro. Y quién sabe what it's worth, pero pensé well, it's worth a try, a ver si me lo vende. Le mostré una foto que había sacado e inmediatamente me dice la Dra. ah, yo sé por qué te gusta, es porque se parece a los dibujos que hacía Alejandra Pizarnik, ¿no es eso?

Le dije no sabes how happy, how happy I've been in your apartment. Era como heredar la vida de alguien muy erudito, conocido, querido. Me sentí como en casa y a la vez no. Free from the trappings of my former self (digo life, en mi casa en Califas) y le conté que I'd been happier this year than for many many years, y cuánto había escrito, pero cosas diferentes, "nada que ver" con lo académico *sensus strictu*, quizás. Y allí veo que la Dra. casi casi is going to cry y me dice pues no sabes lo contenta que me pone escuchar eso. Estas cosas no ocurren, ¿no? Y . . . no te voy a hacer valuar la acuarela. My heart plummeted y pensé, oh well. It's too precious for her, para Aldo, y sus tres hijas pero en eso I emerge de una mini-fog de amargo disappointment y le escucho decir que es porque *me la va a regalar.*

No la puedo creer and oh god, qué horror, get over yourself, girl, I'm like an Annie Lennox song on constant replay, here come those tears again y no puede ser que padezca estas *daily* sob sessions: qué carajo me pasa? Bueno la verdad, siempre he sido bien shorona and sappy (se me irán a acabar las lágrimas, como a mi Abuela Eunice? She can't cry any more. Really! No more tears: las gastó todas en mís tías Sylvia y Elizabeth, en mis primos, en my Grandpa Eliacim muerto, en tanta sadness in her life, siempre signada by sadness, her beautiful, sad, aquamarine eyes, en la enfermedad de la única hija que le queda, June Audrey: my mom). Pero *esto*, esto de hoy is just too much y la idea de llevarme esa acuarela . . .

Le prometí a la Dra. I'd take it under my arm if I have to, on the plane, y ella me entiende porque ella y Aldo bring things under their arm de todos los viajes. De Haití trajeron a gorgeous huge profusion of green, un tropicuadro que cuelga en la pared del estudio de él. Pero no son ostentosos, son simplemente CULTOS and art lovers y algo así como la casa de mis padres es la casa de los Ferrer on Liberator Ave., with shelves of lechucitas and weird cachivaches de sus travels y libros libros libros, y la Dra. y yo, las dos almost llorando en la despedida y tomando un whisky on the rocks a las 11 de la mañana.

Me han dicho que estas cosas me pasan por tener good karma. Recuerdo, por ejemplo how I put all the stuff out on the curb by my house, un día antes de partir para la Argentina, last July, y no vino y no shegó la jodida troca del "Disabled Veterans Boys Home" pa' pick it up, y en eso, muy a la tarde y sho desesperada to get rid of the stuff, pasó una mujer, una Latina cleaning lady de los vecinos (casi todos tienen la bola de criados y jardineros y a mí eso me saca de onda; nunca he querido tener gente en casa que me limpien, me parece a weird invasion, entre otras muchas cosas más ideológicas, pero anyway . . .). Pasaba esta mujer en su troca, with her little boy, and I started to offer her some stuff, quiso comprarme the stroller—finally I was getting rid of the Juvenile's carrito y acabé diciéndole, sabe qué? Lléveselo. Todo. Todito. Era la ancient abandoned computadora de mi ex-estudiante argentina, Alelí, that she'd left at my house for 2 years. Eran ex-juguetes del Juvenil. Ropa, libros, platos, una mesita y sillitas de cuando Joey tenía 3 años. Mucho era. Ay señita, me dijo, gracias gracias.

Well anyway, como hago cosas más o menos así todo el tiempo, quizás esto—digo esta onda con la Dra. Susana and the watercolor (y sobre todo el haber encontrado precisamente *este* departamento en el Botánico, y toda la vida que en él y de él se ha desprendido this year) sea just a little bit of karmic payback.

Me abrazo on the densely overcast and wet Recoleta winter streets, walking back home bajo los now-blossomless jacarandaes y fancy cheto balcones de la Avenida del Libertador. Happy happy happy. No voy a tener que despedirme de mi adorado "lugar en el mundo" argentino.

Anniversary Crónica

16 junio 2001
Buenos Aires
For JHS, in memoriam
For JCS and for Willem J. Lindeque

Crossing the Riachuelo in a smudge-windowed bus, over into
Avellaneda. Provincia de Buenos Aires. Roof patios, si se les
puede llamar así (porque de encanto y relax tropical no tienen
nada), sprout hanging rags on sagging clotheslines, como en
"Walking Around," mi poema favorito de Neruda, *not* drying in
the icy, wet, near-winter air. Casi your birthday Saúl, Marissa,
Brett. Almost summer allí en el norte donde están, almost winter
here in the south. Paso slums, "villas miserias" they call them
here, aquí en el sur. El sur de la ciudad. Corrugated tin shacks
(coño, I sound like Chrissie Hynde, or like an Elvis song),
carcasses of abandoned cars. Too-bright paint y crumbling brick
blur by, y nos detenemos en el fare booth en un "Telepeaje" to
La Plata, donde nos recogerá Gustavo en la estación.

Moving again. Sauces, pampas grass (So *this* is what you
are named for, you transplanted creature! Antes sólo te había
conocido small and contenida, in individual pots, "for large
outside ground cover" aconsejaban los signs, en el Garden
Center de Home Depot), leaden sky. Otro flat sprawl de villa
miseria, just outside Avellaneda, just minutes from Puerto
Madero. That riverside, all-brick, Ghirardelli Square-lookalike
construction de lofts and fancy restaurants, donde visiting
dignitaries como el Tiger Woods y Bill Clinton are taken when
they grace Buenos Aires with a 48-hour visit. That monstrously
incongruous neoliberal spawn, emblematic of Menem's pizza
and champagne-filled reino.

Lonely caminante solitario in the early-morning industrial
dark. Down in that villa, al lado de esta moderna carretera, pasa
el colectivo (bus) 134. Mangy dog slinks along. Sign for Sarandí,
the once middle-class now hardscrabble Avellaneda barrio,
birthplace de Alejandra Pizarnik. On the other side of el Río de
La Plata. Yo fui. Yo ehtuve. Yo conocí.

¿Se puede decir—ever—yo conozco? ¿Quién se atreve? And
after how long?

Conocí el otro día a un periodista Latino, reportero for the
Los Angeles Times. Hot-to-trot for his new field assignment en
Latinoamérica. 3–5 years en Buenos Aires, all expenses paid.
Pero creo que él no ve mucho. Not yet anyway.

The Avellaneda garbage dump. It's *huge*. Como de película.
Como en esa película neocelandesa "Smash Palace" (la que vi
con mi phony press pass en ese International Film Festival en
Johannesburg: you had to be "foreign press" para ver esas
peligrosas, uncensored foreign films entonces), in which el main
character trabajaba in a huge, broken-down car graveyard. Pues
it's big, this garbage dump, just like that one. Carrion birds
wheel and flock overhead. La working class, self-taught poeta,
Gladys Cepeda dice que la están poisoning, right here en

Avellaneda. Que de niña no era asmática ni tenía allergies ni skin problems pero ahora. Casi no puede comer nada. Sólo carne. Red meat and lots of it. (Y Andrea Gutiérrez, alérgica al chicken. Can you imagine? Who could *possibly* be allergic to chicken? Un mal argentino). A un pasito de downtown, del famous and phallic Obelisco, de la Avenida Corrientes, de Puerto Madero, este stinking, ponzoñoso trash heap. A un paso de la wide-open pampa.

El Latino journalist, Tobías, dice que quiere salir, get his kids out of Los Angeles. Lo siente anesthetized. Too much TNT and Gameboy. Does he think *this*—Latinoamérica, well, I mean Argentina, well OK, I mean Buenos Aires—is some sort of escape? (Acabamos de pasar un huge road sign que dice así: "Do you Yahoo?") El teme. I can smell his apprehension. Seguro se irá a vivir a Beccar, out in the northern 'burbs, pero whoa, not so far out he hits the villas miserias. Or to San Isidro, where the national TV stars "recycle" colonial mansions or build American-style, sprawling ranch houses. Tobías vivirá en una casona, seguro. Donde no tendrá que presenciar a los neighbors que suicide-jump, from the sixth floor, al vacío del mediodía just 2 blocks away. Like he just saw on the way over to my apartment in Palermo. Pondrá a sus hijitos en el Lincoln International School en La Lucila (armed guards at the ready, outside the gates), all expenses paid by the *Los Angeles Times.*

¿Qué carajo va a ver? Sobre cuál *argentinidad* will he report back? ¿De cuál "experiencia anestesiada" se va a escapar? Si se ve right away que es un nouveau-Latino, que teme el peligro. El contagio. ¿Cómo se le ocurre llamarse journalist, I muse, pensando en Carlos Ulanovsky (el cousin-by-marriage de la Alejandra Naftal), o en el controversial firebrand Miguel Bonasso. Thinking of so many others no longer here. Tortured, drugged and shoved out of planes still alive, desaparecidos during the Dirty War. Or in exile, por el furor y la insistencia de

su mirada. De sus palabras. Ay utópica, girl. You *still* believe? Y
. . . (pausa porteñísima) *sí.* "Siempre habrá," la poeta Paulina
Vinderman writes, "una historia que contar."

The moist reddish dirt. Burritos and kids and smoke-
belching fábricas. A curving wash, a sluice (como el que
teníamos en Los Angeles, behind our house in the Valley, y al
cual, decíamos—to scare my little sister—la muy martini-
imbibing Mrs. Jean Haynes from next door bajaba de noche para
verse con un amante. O al que bajaba también, muy entrada la
noche su hijo, John—ahora probably todo un aerospace
engineer, like his dad Bill—para coleccionar saber-tooth tiger
bones). Garbage piled detrasito mero de los tiny brick and tin
hovels. Looks like Soweto too I realize, sobresaltada.

No writing now. Dejate sin palabras. Sin apuntes.
Grabátelo. Now just look. And remember . . . .

Pampa on the left side of the bus, leading down toward el
Río de la Plata. Caballos, little clusters of tin shacks y factories
del otro lado. Tierra adentro. Hacia la ciudad. *Deso/lado.*
Desolate and it reeks. ¿Cómo puede oler tan mal entre all this
green? Palmeras. Black dog. Lonesome, faded laundry. Hombres
de overall y casco stand next to abandoned industrial
maquinaria, buscando trabajo. "¿Disponible?" pregunta otro
roadsign.

"Los Ombúes de Hudson: Barrio Privado," reads still
another sign. ¿Aquí? Sería el equivalente de vivir en un ritzy
gated community right off Interstate 10, I guess. Bien pero *bien*
metidito en el Evil Empire (así le digo al oxymoronically-named
"Inland Empire," área de mi homestate que hace 10 años
desconocía, pero . . . now I live there), surrounded by rusted
traintracks, pale Califas desert dust donde antaño había
naranjales y palmeras milenarias. Trailer parks now. El olor a
grama sube, llega, penetra al "Rápido a La Plata." Off to the side
unpaved, muddy roads. Es sábado. Cannas, my cannas, como en

L.A., growing pero aquí unchecked and enormous in the rich southern red dirt.

✍ Approach to La Plata, Provincia de Buenos Aires, Argentina ✍

Dirt roads. Where am I? Small, compact, South African-looking colonial houses. Si me quito las (innecesarias, casi ridículas: it's freezing and overcast) sunglasses and look with my blurred-edge vision, podría estar en otra parte. Podría estar, casi, casi en ese otro sur, just outside Pretoria in South Africa. Dogs. Red dirt. Even the same southern aloes in huge, shocking, winter coral bloom. Even soldiers by the roadside, pointing big guns. ¿Dónde estoy? ¿En qué año estamos? Villa Elisa, reads the sign. "Talabartería El Gancho." "La Casa del Freno y del Embrague." I love these words. Ahora entran a mi mente, salen de mi boca without translation. Car words. Leather words. Me asombro de mí misma. Es la vivencia, I sigh. Sólo así. Don't use it, you lose it. Así les decía a mis estudiantes en California. Ah, pronto ya no estarás aquí: will this all fade away?

✍ 16 junio, 2001: Saturday ✍

"Mañana. Día del Padre." Another roadsign. Ay, Daddy, why did you leave me? Hoy tu aniversario de boda.

Y nunca pudiste venir a ver nada de esto, mamá. Y ahora que estás enferma, nearly paralyzed, you never will. A ti, que te fascinaba viajar. Viajar y vivir lejos. Equivocarte de palabras o de pronunciación (con tus nuevomexicanismos in Spain) y luego reirte a más no poder. Y ay, todo ese papelón, the scandal we caused en el famoso concierto de Sofía Noel en ese fancy Madrid theater! En el Centro Cultural de la Villa. Twisting our hankies in our laps, laughing, papá furioso. El público chistándonos y no podíamos. Stop laughing. A ti, estos painted signs "fileteados" te habrían encantado. No mom, nothing to do with *filete de ternera.* It's not food at all, sino a frilly, 19th–century Italian immigrant calligraphy. Hasta esos trendy, PoMo músicos, los "Fabulosos Cadillacs," use it en un recent album cover. Y todo este strange léxico porteño. *Mamarracho* (an abomination of bad taste, tacky as hell), for example. Isn't that the MOST hideously perfect word? Casi casi that byzantine roll-on-the-tongue Argentine mouthful even outdoes *bombachas* (chonies, panties). Sounds like a cross entre fireman and a strange vegetable. O *pollera* (skirt, falda). ¿Te habrías reconocido en algo aquí, como yo me re-conozco? Would you recognize *me* here, mom? ¿Y a tu nieto Joey, que vino a la Argentina de child y volverá a Califas de teen: cambiada la voz, pobladas las cejas y hablando un cahteshano aporteñado? Peroooo . . . qué te pasa, nena, he likes to ask me, con ese cerrado, whiny, slightly northern-barrio porteño accent I've grown to recognize instantly, to abhor, to adore.

English Tudor. Tiny hibiscus. Aloe everywhere. Spanish-style. My dream house, siempre digo. Pues dream on, bebé. On your teacher's sueldo, yeah right. Rejas. Lavender trumpet vine. Just like mine.

La Plata is small, low, provincial. Bonito. Se parece, y mucho, a las afueras de Pretoria, South Africa. Precisamente a Cullinan. Teensy Afrikaner diamond mining town in the Transvaal donde caí al nada más llegar de California. And where I was so desperately unhappy. Tan apasionada. Pero tan CONTENIDA. Por ese pueblo. Por Howard. Su familia. Ese país. Donde por poco causé un accidente de tránsito por caminar down the main street, de día, in shorts. Ver esto, estos outskirts de La Plata, me recuerda (me hace acordar, they correct me, here) aquello. No lo había podido remember so clearly en años.

A sudden McDonald's on a corner y todo cambia. No se parece a nada. O se parece, de repente, a todo. Y con este ugly, global-twist, el Camino Centenario could be just off a Califas freeway. Cierro los ojos, disapointeada, horrorizada. Luckily, al abrirlos, it's disappeared. Estoy en la Argentina again. Lajas, bougainvillea. Ah, alivio. Vuelve Argentina. Wet, wet. La diferencia entre esto y Pretoria, those searing, arid plains. Pero he aquí que no puedo mantenerme en mi reverie semi-esencialista: porque damn, Wal-Mart rears its ugly head. Y no. No puede ser. Pero it is.

✂ **Mini African Reverie** ✂

Remember, Wim. Onthou jy? It's June 16th and I'm in the south again. Today, hoy, vandag: forever my parents' aniversario de boda, linked en la historia and in my memory al aniversario de la masacre de los estudiantes en Soweto. *Amandhla*, Wimmie. Remember the "Park Five Saloon" in Johannesburg? Donde íbamos a bailar, gyrating with hot, dangerously multiracial crowds, to township jive, todos los weekends? Te acuerdas del concierto en Soweto, sponsored by the "Park Five" y nosotros tan high, en pleno apartheid, imagínate, Beth navigating that huge American station wagon right into el corazón de Soweto, y con tanto miedo pero then, entonces, you were a man in uniform. Un policía, carajo. You got us through. Y ahora, oh how *could* you be doing this, you sexy beast: casi un cura! Oh, how could you be a *polisie* then? How could you be a Catholic cura-in-training now?

Oh get me through. Through this in-between: países, lenguas, razas, religiones, vivencias. Smash (me) through este looking glass que a veces se (me) vuelve funhouse mirror. Oh, quiero estar *someplace*. Ubicarme. Algún lugar mi lugar y no esta siempre intersticialidad que me corroe, me lleva out past the breakpoint me nutre me exalta washes me up extenuada onto playa de nadie dónde mi playa y Santa Cruz Santa Mónica

Port Elizabeth Sea Point Durban Venice banks of el Río de la Plata. Soon, nena, me digo. Soon you'll be. Ah pero it's too soon and you know it. No quieres eso de verdad, admítelo. No quieras eso. Dejate estar dejate. Callate ahora y ehcuchá estas wild plants, este icy wind, este tu sur.

Little White Car
Stolen Crónica

9 abril 2002
Los Angeles
A Andrea "Silvana" Ostrov

Ay, cuánto siento lo del robo del pobrecito white de tu auto, ex-flotante, upside down en el parking garage de tu casa durante las famous, apocalyptic inundaciones de Blanco Encalada en Belgrano del 2001 y, before that, ex-parador en la esquina de Las Heras y República Arabe Siria (ex Malabia, como siempre recalcaba mi landlady) para shamar dehde tu celular para convocar a citas restoraneras en Palermo Viejo (Xalapa), Barrio Norte (Teatriz), Palermo a secas (Garby's, Big Mamma on Hair St., Jade, Lindo Jardín, Café des Artistes en Armenia), etc.

Ay, cuánto habría que lamentar la pérdida—ahora, en el current savage economic clima en la Argentina, with even less chances than ever de recuperación, al parecer—de ese tiny, defiant car, weaving in and out, cual mosquito ebrio, de todos

esos carriles que ob-vio (pronunciación porteñísima), no se
respetan en Buenos Aires anyway, el astonishing skill con que
vos le hacías parar en seco, right up on the nalgas de un
colectivo, oh my god! In between mishones y mishones de otros
autos, hermosos o destartalados, driven by celular-wielding,
chishones, gesticulating porteños que siempre, pero always,
creen ehtar EN SU DERECHO.

Esa vez que fuimos al club "Notorius" en Callao, para
ehcuchar a esa poeta, amiga de Paulina, en su Presentación de
Libro (una de las miles a las que fuimos, ¿no?). Ah sí, Silvina
Manzoni se shamaba. Only in Argentina: poet and psicoanalihta.
¿Te acordás como aparcamos el Little White en un Parking, en
un space minúhculo, vos tan decisiva, tan experta, y caminamos
al all-white y rather (*con*)*cheto* "Notorius," para tomar un vinito
y comer "ingredientes" (how I LOVE that word! Digo, that *use* of
the word, así: para significar un snack de stale peanuts and
soggy potato chips) y ehcuchar al long-haired (si bien lightly
engominao) y muy erudito del Foffari, quien participaba de la
solemne Book Presentation. Luego flirtearía—mentally, of
course (por algo estamos en Buenos Aires)—y nos invitaría con
Paulina Vinderman a una famosa cena griega, en su casa . . .
pero we *never* heard from him again. Hmmm . . . este
behavior—este lanzarse y luego recular endlessly—¿será
emblemático del "histeriqueo" porteño del que siempre te me
quejás?

Ay Sil, a cuántos lugares nos shevó ese tu little white car,
incluso al final, al aeropuerto. Unbelievably, sí, all the way out
to Ezeiza—so much farther out than Barajas is to Madrith, por
ejemplo, o ni hablar, LAX to Los Angeles. Ezeiza is way the hell
out en la pampa, o tal parece. So much flat greenness antes de
que ese monumental sprawl que es Buenos Aires looms into
view. Pues faster than lightning el Little White parecía que se
perdía entre el gloomy overcastness del winter porteño I was

loathe to leave after having survived "el verano más caluroso en 30 años," según *La Nación* y *Clarín*. Y lo rápido que íbamos y las confidencias que cambiábamos, medio desperately, as if knowing que iba a ser la última vez, the last time for so long. Yo quería que se perdiera el Little White de adeveras, que nos perdiera, a lo Chet Baker. Let's get lost.

No quería irme de ninguna manera y todavía, even now, when I look up de ehta could be anywhere pantasha, through these tropical floral curtains at this bland suburban dry California cielo, at this blinding sun me siento lost, des/plazada, en un time warp, aturdida y sé que es apenitas otoño en el sur, mi (otro) sur donde puede estar haciendo, capaz, hasta más calor que aquí, ahora, y especialmente me acuerdo del wetness, oh, esa too-close, abrazante humedad para esta mujer del California desert.

Te extraño Silbana, y sé que tenéh razón. "Lo mejor mata lo bueno," or whatever it was you said. Y *tenemos* que atravesar barreras for our writing, las barreras that are erected by life, by children, jobs, lost and stolen cars, students, sick relatives. Y las barreras that we ourselves put up: esos evil, stymying thoughts about (it) never being good enough, never original enough, never smart enough, never clever enough, que there's not enough time que someone else probably already said it y mejor. Gotta push through esas barreras, to each other, push right through the fantasmas of our famous dead daddies—vos, hija de León, primer psiquiatra de Alejandra Pizarnik and me, hija de Joseph H. and his 300 publications. Tenemos que push past that whole chango-on-the-back, *pero, vos sos hija de?*-thing, llegar al espacio que es puro vuelo, literatura, writing because *ons kannie anders doen nie*. We can do nothing else. We can't do anything else. No podemos no hacerlo. Write. Escribir siempre, every day, joyfully. Cultivating fearlessness.

Re-Design Crónica

3 junio 2003
Claramonte, Califas
Para Saúl Sosnowski y
para Andrea "Chabelita" Gutiérrez

Me voy lento pero lentamente desintoxicando, de los worst moments del Juvenil, I think (LITTLE EYE: which are by no means gone del todo) si bien él sigue, por momentos, acechando. So can't drop my guard. Porque the slightest sign of love él lo lee como weakness, and he horns in, al embihte. Pero this summer, él va a estar en summer school y por las tardes, volunteering o trabajando o bien hangueando con los friends en las cashes, qué sé sho.

   Siento que I'm beginning to wake from hibernation. O de una larga pesadisha. Hasta parí una croniquita nueva, para el cumple de Paulina last month, and I'm revising and reworking and rewording muchas otras. Como saben, siempre me ha sacado bahtante de onda revisit my ex-escritura (pretty *bad* for a writer, hey?) pero con las crónicas, puedo. Es más, hasta me gusta. Estoy redesigning my home study también, después de las refacciones hace casi 2 años. Can you believe it? Two whole years, o casi, han pasado.

Te acordás, it was almost 2 years ago already, cuando volví de Buenos Aires tan des/bordada, so many words in my head, roiling around, como imprinted pero trying to rise up, off my skin, spilling out of me insistentes, incontenibles, y me lancé directamente a todas esas major refacciones del condo?

Anygüey, necesito—again—un poco change of air y si bien (argentinihmo) no puedo cambiarme de casa, SI puedo reposicionar daddy's old desk (enorme, macizo) que heredé (y que él había heredado, por otra parte, from Montesinos, en Berkeley), y las estanterías (sha sé: bibliotecas les dicen, en el país de Uds.) y mis piles of books and notes. And I can redrape los grandes, sensuales, too-Baroque mantones de seda bordada que me compré en Andalucía con Hugo y las fotos de bullfighters que sacaste y me enviaste, Andi—as corrida-hungry as I am—y puedo move around, cambiar de lugar los poemas de Paulina Vinderman y los tushos, Andi, los inéditos, pegados, with that sticky arcilla stuff, en los estantes.

De golpe I remember como Alejandra Pizarnik adoraba recortar palabras; she moved words around en el pizarrón, en las paredes de su cuarto. I love words. Amo amo amo las palabras.

Mini Barrio Norte Crónica

3 julio 2001
Buenos Aires
Para Ana María Shua

Overcome with happiness mientras atravieso the intersection of Agüero & Charcas, absolutamente sobrecargada de júbilo. Joy in myself por haberme atrevido a solicitar la beca NEH y chingao, de ganármela y poder así be here, walking en Buenos Aires a un mes de mi despedida. De mi despedida también de mí misma y no quiero: I am in denial. Creo que no podré survive esta (desped)ida . . . se me arriman a la boca all the dumb things you say when you're going to say goodbye to someone, or (en mi caso) a un lugar: no quiero dejarte, I'll never be the same, you know, todo eso . . .

Pero no sólo eso. Esta vez es diferente: nunca pensé que me iba a sentir así. Es más, I was sure I was going to hate it here. Hate them. A los porteños. Vine armed to the teeth con los modelos de argentinidad que había aprendido EN EL EXTERIOR, as they say about cualquier lugar no-Argentina (es

decir, en mi país) y . . . bueno, it is and so much is not . . . eso.
How can I love it here so much?

Entro a una de esas trendy Barrio Norte boutiques. I always
feel slightly on-edge, uncomfortable somehow, de compras.
Ojalá pudiera ASUMIR (like they say here, siempre asumiendo—
or not—ehto o lo otro) mi cuerpo, my height, mi dizque
besheza, como me aconseja mi hermana Laura: own your body,
your looks, your space en el mundo. Pero siempre entro a los
shops, especially los más trendy y fancy, feeling medio cowed
and pale, definitively out of place. Y las salesgirls porteñas una
bola de snobs and I know I'll have to take a size 3 (can you
imagine a country donde the largest size is a THREE???) por "y . . .
el tema del busto," as they delicately put it here and FUCK, ni
que fueran tan y tan BIG, sólo que estas washed-out faux
blonde social X-ray lollipops no tienen, directamente, tetas. Ay,
they wish, y hasta se operan las LOLAS (what a ridiculous,
candy-ugly name for breasts, ay, how alienated are these hyper-
cerebral porteños from their cuerpos!) pero the resultant lolas se
ven como pasted on en ehtos cuerpecitos de little Biafra-boy, en
sus tiny, ubiquitous black pants. Y cómo . . . ¿decía que I love it
here?

Pero y sí, a pesar de que no caigo ni lejos en este look
cheto, de Barrio Norte, fíjate que la gente me mira en la calle. I
feel their vibes, their eyes on me: viejas, galanes, mujeres,
children. Esto siempre me ha pasado, la verdad. Y reflecciono y
me pregunto que si es porque aquí, ahora tengo una mirada de
pura lela, de embelesada con esta ciudad.

Y entonces les pregunto, tentatively, a las salesgirls sobre la
chaqueta color vino y por poco me muero porque la palabra
campera has flown right out of my head y también se me olvidó
que no dicen "color vino" sino BORDEAU y me dicen ah,
bleating all lamby-like, la campEEra bordeau, sí. Manera de
corregir a la gente, refunfuño pa' mis adentros. Y digo algo así

como—es talle miniatura pero vamos a ver, well, estamos en Argentina (just a little sarcastic) y me dicen qué, no soh argentina? Y sho incrédula, how can they think I am, y les digo—veo que son, after all, medio harmless y hasta sweet— claro que no, no me escucharon ahora mismito no recordar la palabra de Uds., *campera?* Y ¿de dónde soh?, y yo, de Los Angeles y ah starry-eyed y todo el mundo dice que es muuuy lindo ashá y yo bueno sí, supongo, pero a mí en cambio, me gusta acá . . .

Y me pruebo el short, burgundy nylon-ciré jacket and it slides beautifully over EVERY part of me not too tight en el busto and even the arms fit fine on my long chango arms, y me siento perilously close to tears y de repente me colapseo on a little bench in that white white boutique y ahora hot tears are coursing down my cheeks y las chicas atónitas y ¿qué te pasa, pero ehtáh bien? Y yo, ob-vio que no, y . . . ¿te podemos ashudar en algo? Y sho ah, you already *are* helping me y les balbuceo que es nada más, nada máh que no puedo . . . que no me quiero ir de ehta ciudad.

Iguazú Crónica

5 junio 2001
Buenos Aires
Per Ida Longo Strauss, in memoriam
For Etienne Joseph and for Sarita Chávez Silverman

De entrada habría que describir nuestro approach from the
air. Había estado bien nervous, volando LAPA, por lo del
huge accident almost two years ago, cuando un avión
exploded in a fireball, directamente matando o mutilando a
muchos pasajeros, trying to take off to Córdoba. Recién un
amigo me dijo que it was "pilot error." Vaya comfort! Anyway,
renerviosa estaba. Resultó ser un vuelo like any other, except
during the sharply-angled descent al Aeropuerto
Internacional Iguazú. Allí, the tilted view from above, of
sinuous brown-grey rivers and tributaries and a jungly mass
of shocking green, me recordó right away "Apocalypse Now."
¿Qué este tu afán de siempre y siempre *comparar*? Why can't
you just BE? Live in the minute? Siempre este intento de
asimilar, de que esto se parehca a aquesho, ¡pesada!

Descendemos and once we're on the ground es casi Oaxaca
en agosto—28° C nos ha dicho el piloto—pero this immediate
rush of heat bears water, casi me aplasta y eso que we're
nearly in the southern hemisphere winter. Vegetación
frondosa, wild tangled creepers and every so often,
incongruente, a stark, peeled, skinny white tree. Me recuerda
driving through Georgia, Mississippi, Alabama, quizás
Virginia. Ay, there you go again, nena.

     Estamos en Gemini. Estamos en Iguazú. ¿Qué era lo que yo
esperaba? Este ir en tourbus me recuerda estar con mamá en
Andalucía, on that mythical tour de españoles con la disgruntled
pair of second-honeymooners romanos, Vittorio e Iside, y los
mexicanos Salvador e Irma y claro, el faux-bilingüe tourguide
español Luis, who every few phrases would toss in the
singularly unhelpful "de mode que"—constituía su total
command del francés—para los italianos. How come I
remember their names, después de todo este tiempo? Ahora
acabamos de completar la primera fase del tour, un abortivísimo
duty free shopping frenzy en la super-cutre Ciudad del Este,
Paraguay. Oh my god, *sooooo* much worse than Tijuana. Not
"even" PoMo, a pesar de los (as ever) hyperbolic claims del
Wayne, aka Mr. "Lonely Planet": "Ciudad del Este has an
infectious boomtown vitality." Yeah right, Wayne! Me quedo con
lo de "infectious," porque de vitalidad te juro que no percibí na'.
A festering maze of muddy callejones, carton-toting mestizo-
looking men, sleazy, stolen electronic fencing locales and
everywhere: calcetines for sale!

     Luego nos shevaron a Foz de Iguaçu. Del otro lado. Almost
as ugly, if not quite as disreputable. And me, trotting out my
rusty português, worsened by the intervention of Italian, on a
Grail-like quest for la colonia brasileira que olí en esa mujer en
Tigre. Months ago ya, en el Delta del Paraná, when the
Argentine spring was just approaching. Era artesanal, se me

hace. Patchouli, ella me dijo. Intoxicating. Pero it was nowhere to be found! En la Boticaria que me recomendaron, o en las farmacias, time and again ensashé my pathetic little patchwork speech: "Estou procurAndo uma colOnia brasilEira . . ." Y me sacaban cheap, high-alcohol "deo-colonias."

En Ciudad del Este for a moment pensé que mi búsqueda épica (since it was summarily discontinued in 1983, joder) de "7e Sens" de Sonia Rykiel had at long last come to an end. Porque allí (in a huge, paquetísimo, Union Square de San Francisco Macy's—gorgeous department store called "Monalisa," insulated del squalor circundante by gun-toting teen soldierboys) descubrí un nuevo parfum para mujeres de la mismísima Sonia R. Me lo hice spray. And for a glorious heartbeat pensé que casi. Casi . . . ah, that purple rush of Play-Doh, incienso y humo que era—es—"7e Sens." I *never* forget a scent. Imprinted. Indelible. Indescriptiblemente nohtálgico de los early 80s in the Bay Area.

Berkeley y San Francisco. Las noches de Hamburger Mary's con el Daniel Dickison y Lee Weiss, el sloth-drawing contest; every Thursday en el Balboa Café, todos aquellos dizque fern bars off Union Street (the "Herpes Triangle" les decían). Trish, oh Howard, Miss Zooloo, Tina and la Pamela Williams, a double Remy Martin (un double *whammy*, máh bien) in Rosebud's in Union Square, esperando que Helen and Pamela terminen su shift para ir a cenar o bailar. Gauloises, Cortázar, taking el Riet Tramer to Trocadero Transfer or dining con el Revelli (mainly to make Mauro jealous) en Osteria Romana. Walking walking walking.

Pero no. No era "7e Sens" ni lejos. An awful contemporary aldehydic pero too sharp de repente, y luego too-cloying, fruity-sweet. In all my perfume-hungering years, no perfume EVER— before or since—me ha transportado como "7e Sens." Gone, gone forever. Acabé llevando otro nuevo, "Magic" de Céline. Al

principio manifestó un sinestésico casi purple candy rush, y
pensé well, maybe. Pero luego, reveló su corazón y como
siempre me pasa it became like so many other slightly powdery
not very risk-taking orientals I've always enjoyed, pero que
tampoco son exactly . . . it: "Dans la Nuit" de Worth, por
ejemplo. Opium. Kouros de Yves Saint Laurent. Antaeus de
Chanel. Vi uno nuevo de mi adorado Jacomo, "Perle de
Silences." Y supe, finalmente, que "Diorella" de Dior es
inconseguible. Me moriría por un secret cache de "7ᵉ Sens." Oh,
just to sniff it again. Bueno pero I digress. Of course, what we
came to see were the waterfalls. And the jungle. It's not *that*
jungly, after all. Pero ¿y qué queréh, piba? *Green Mansions* all
over again? Y . . . (pausa porteña) claro. Well, it never can be.
Siempre mejor. Fuller. Menos ob-vio en un libro. ¡Patética
bookworm! Aprendé a vivir en el mundo, ¿no?

⚚ Del lado de ashá: Lado brasileiro ⚚

Confieso que the first heartstopping, panoramic vista de las
Cataratas is beyond el cine. Beyond toda descripción, toda foto.
Todo video. Just *beyond.* Los irritating porteño turistas faded out
of my consciousness, along with 3–4 other head-to-toe
Supplexed and fanny-packed strapping blond East Coast gringos
que inmediatamente se habían puesto a comparar estas cataratas
with their other "favorite" falls: Niagara, Victoria (muéranse,
ecoturihtas, yuppie scum!). Manera de necesitar domar,
conquihtar all over again. . . .

Mud-brown water swirls in benign-looking remansos of flat
flat y de repente just drops, roiling white foam, mandando una
elegante y tonificante bruma for miles. Todo se me esfumó: los
turistas, the moss-slick asphalt walkways, los adorables, cat- or
raccoon-like coatimundis squeaking and scurrying alongside the
walkways. Y era sólo yo, al borde del mundo, surrounded by un

rugido blanco y constante. Tontamente—siempre me
desbordo—sentí el archi-familiar nudo en la garganta y tras mis
ovalados black Calvin Klein, slightly Jackie O sunglasses, tears
well and smart. Busqué un alma gemela y me encontré con el
Juvenil, pegado a mí and staring, embelesado, at those sheets of
pumping, falling agua. Nos miramos y supe que como siempre
él sentía lo mismo que yo: have you EVER, I mouthed silently,
our motto. He shook his head. Debidamente awestruck. Nada
de teen indifference to the wonders of nature, me maravishé,
aliviada y orgushosa. But how rapidly does the gaze become
habituated to splendor. Alas, seguían las cataratas, una tras otra,
so many that only a small portion have names, each one huger,
louder and taller than the last. Y como con la coca, you just
keep wanting more.

⋙ Del lado de acá: Lado argentino ⋘

The damaged old pasarela right out to la Garganta del Diablo
terrifies me, even more than el viaje en bote—"la Gran
Aventura"—que hicimos por unos not that impressive rapids y
casi casi debajo de dos thundering cataratas. The catwalk,
reachable only por lancha, parece catastróficamente endeble:
rotting wooden handrails, lajas de cemento all cracked and
covered with a moldy, slippery metallic grid. De hecho, it's
undergoing repair even as we climb upon it. Blasé mestizo
workmen, with a safetybelt linking them to the pylons, stand
waist-deep in the muddy water just yards from the most
notorious drop: Devil's Throat. Unbelievable. Me siento bien
Jeremy Irons en "The Mission." La catwalk te lleva right out over
the camel-brown water. The level of the water today, quizás sólo
two feet below my feet. Deceptively apacible agua, reed- and
rock-punctuated, multicolored mariposas everywhere, a
whipporwill-like birdcall. Pero entonces, with only a small fleck

of spray as warning, pabajo baby. You look down between your feet, te mojas toda, toda de la repentina bruma and down, down an endless drop, a semicircular cauldron of white water. Yo, con mi acrofobia, que consta de equal measures de terror y deseo de la altura, tengo que pedir que me retengan. That silky, roiling edge.

Me preguntan si me he dado cuenta de que un overrriding theme de mis crónicas es la superioridad de la literatura versus la vida. Respondo irritada, aterrada: no. No, not really. Yo, que soy tan viva. (Todo el mundo lo dice. Mis estudiantes lo dicen. Mis amigos lo dicen). Yo, que viajo tanto. ¿Cómo va a ser? Pero claro, caigo en que in a way, of course it is. My longing for the dead and gone, the lost, for the impossible, even for the never-lived! Mi constante extraña nostalgia. I'm too young to be nostalgic, or aren't I? Who can be nostalgic? Should anybody? Is it really so crippling, so evil, como dicen todos los marxi- Culti Studies primers? Como yo misma he escrito—oh maniquea, oh tendenciosa—en contra de algún Culti Studies criminal, creo que fue contra Richard Rodriguez. Y . . . sí, me permito vivir. Of course I do. Be in the moment. Pero al escribirlo, al escribir, siempre hay algo que falta. Algo que se escapa. Que se me escapa. Some excess. Sólo en Sudáfrica no me pasó eso. Era prístina la experiencia. No trazada, pre-marked by expectations. Ay, what a rough ride. Living. Writing.

ᨳ My Own Private *Green Mansions* ᨳ
Misiones Province

Estoy en Argentina again. Or am I? Fronteras porosas aquí, one minute en el extremo sur del Brasil, the next in the far Northwest de la Argentina, y luego en el sureste del Paraguay. Whatever: estoy ehcapada, AWOL de Buenos Aires, de los porteños and their chronic, overriding Baroque *bronca*, su siempre queja, su "fijate en lo mal que ehtamos en el Third World" shtick. Ay shut up already, you Euro-wannabe whiners. ¿Han vihto México? ¿La India? Downtown L.A.? Pulvericen sus esquemas, go on, I dare you.

Siguiendo las sugerencias de no sé qué guidebook (was it you, Wayne?), contratamos a un taxista para recorrer (*zhecozher*: ah, that beautiful, mellifluous voiced semi-sibilant "r" del Norte) la provincia de Misiones. Más de 300 km. Para ir a ver las Ruinas Jesuíticas de San Ignacio de Miní. Como estábamos alojados del lado brasileiro, contratamos a un taxista brasileiro. En realidad, hicimos el trato con su esposa, Marli, que hablaba el semi-befuddling mixture *portuñol* (al día siguiente, ella nos diría— agradecidísima—que lo que nos cobró Osmar, su marido, $150 entre 4 personas, made their week, in fact their month. Y eso que era casi exactamente lo que cobran los micros para ir entre Foz y San Ignacio, y way less de lo que quería cobrar Juan Angel, nuestro Argentine tourguide).

Once we passed the Aduana(s) and despite el nauseating odor de gasoil o diesel que emanaba del engine, comencé a ver. Realmente a *ver*. Todo verde, rodeada de verde. More than I remember seeing ever, anywhere. Y la tierra colorada. Es roja, roja. Parece suave. Like a blanket of suede. Polvo finito that gets on everything. Las casitas on stilts, or with a foot-wide band painted de rojo, pa' que no se manche de tierra colorada el blanco. Se siente la humedad en el aire, en el cabello, en la vegetación. Strangler figs. Es así que se llama esa planta que tengo en una mata on my little patio en Califas! Y con razón sus huge long roots are always trying to bust free and cracking the terracotta, pues este split-leaf trepa y trepa hasta ahogar árboles enormes, robustísimos. That's what it does. Strangle. Su raison d'être. Lianas y enredaderas encimadas en matas, arbustos, árboles. Odd, long, gracefully-arched single shoots.

No tengo donde escribir. No traje nada. En los márgenes de la tapa del diario local que compramos (y . . . Menem y su boda, y el megacanje, y Aereolíneas Argentinas about to go bust y piquetes contra los españoles who are buying up everything in Argentina y piquetes contra la crisis y piquetes y . . .) I begin scrawling the names of all the plants and smells and pueblos I can see. Deb Cohen, nuestra intrépida acompañante, me mira un rato y dice, maravishada, "I swear I only know about 30% of the plants you know." Cómo shegó a ese porcentaje, me pregunto.

La verdad es que I've always been fascinated with plants. Vegetation. No digo jardín, sino algo más wild, inclasificable incluso. Desde niña en el backyard de mi abuela Eunice o de mi bisabuela Rebecca, o de mi tía Esther, que me permitían jugar con el lodo, con las hormigas y con las plantas y las flores en el paraíso subtropical que es San Diego. Desde adolescente, wherever I lived, aun en los apartamentos más chiquititos o cutres o relentlessly urban, siempre he cultivado plantas. Plantas raras, quisquishosas, difíciles: Zebra plant, coleus, massangeana, piña, ficus. I've pampered them, I've hybridized them; he suplido lo que les faltaba a las tropicales en el semi-desierto californiano, o en el gloom de un Massachussetts winter.

Rodeada de verde: it *is* real, and I am in it. I am alive and I am living it. He aquí tus *Green Mansions*, baby. Lo que se ve es todo verde, a blur of green. Pero my green eyes open, mi mirada verde se ensancha y comienzo a distinguir. Como distinguía Quiroga. O mi adorado W. H. Hudson about whom, when I first read *Green Mansions* a los 12 años, sí, creo que fue in 8th grade, no tenía idea de que fuera argentino. Anglo-argentino. Or in a million years que yo estaría ni cerca de donde él estuvo. Veo. Veo higueras y sauces, palmeras (skinny and sort of choked, o bien robust, pero plantation-like, rows of them, no como las tres gigantescas que se ven en el Jardín Botánico de

Buenos Aires, desde mi ventana), pinos de todo tipo, araucarias, bananos, eucaliptos, naranjos, paloborracho, palo rosado, aloes, ananás, cactos, bambú. Widening my gaze, todos mis sentidos ahora wide-open, veo maizales, Spanish moss clinging and drooping, grey-green, epiphytes por doquier, clambering up the skinny white trees. Looking closer, a ras del suelo, veo everywhere, wandering Jew. Siento de repente un olor punzante, narcotizante, desconocido. Como de cedro, de madera cortada, de tabaco, de mojado, de verde. Mis palabras, ahora, trying to wrap around algo que mi olfato conoce y vive. Son—yes they really are—plantaciones de mate.

Parece que we've been on the road forever. Y la distancia es más o menos la de Los Angeles a San Diego. That's all. Nos falta bastante. We are on our way to las ruinas jesuíticas y a la casa de Horacio Quiroga, en San Ignacio, cerca de Posadas. But for now, me quedo aquí en el verde.

XXIII

Tiny Love-Riff a Caballito Crónica

27 mayo, 2001
Buenos Aires
Para Saúl Sosnowski

Confieso que me enternece montones imaginarte de chico, walking
toward el Colegio Hebreo, y pasando por el Centenary Park. No
sabés cuántas poetas de "buen tono"—y otras not even tanto—me
han retado por ir por ahí mucho: que te afanan el bolso, bla bla.

En la actualidad es bahtante "popular" el sitio. Teens fairly
routinely doze off and nearly drown, shenos de merca, o de
pahtishas o de yuyo or whatever, in that ugly, shallow psuedo-
lago. But I love the smoke that rises de las improvisadas
parrishas and cheap sahumerios for sale. Me encanta presenciar
los solemnes talleres de poesía que da mi amiga la self-styled
anarquista, Gladys Cepeda de Avellaneda, perhaps the truest
and least farandulera, most hardcore fan que tiene Alejandra
Pizarnik these days.

Anoche, of course everything started late y antes pasaron un sort of annoying yet oddly moving documental sobre la vida y muerte de Victor Jara, with the appropriately choke-throated words de la stalwart Joan, la viuda, quien además estuvo in person en el Parque Centenario along with Inti-Illimani. So, fuimos primero a mirar los stands de libros de segunda mano and I scored an utterly enmohecido edition de Antonio Porchia's *Voces*, with frayed, rough, ivory gone sepia edges. Siempre es tan sad, leer una solemne dedicatoria some couple had given some dude para su cumpleaños. How could he go and give it away? What penurias made him sell it, perhaps, and at what obscenely low price, si a mí me lo vendieron por cinco pesos? Este autor de aforismos tan admirado por Pizarnik. Me hechiza, to be in these streets of Buenos Aires. Ah Buenos Aires with your horribly ringing-all-the-time celulares, your cellulite-provoking, teensy, skin-tight pants y pelo planchadito y los claritos, your aching exchanged looks between men and women, entre men and men, pero luego . . . nada. (Es que los porteños son todos unos hihtéricos, pronounces dejectedly mi amiga Andrea.) Here in Caballito, no es tan así. Me gusta este barrio, cerca de donde vive Mónica Tracey, not far from your boyhood la Paternal. Me conmueve y sí, me hechiza tocar estos libros caressed, perhaps, by those earlier hands I wish so much I could touch now.

Los hermosos y trillados acordes del line-up de 4–5 charangos de Inti-Illimani called us back to the stage. Of course, ya no había manera de aproximarnos, so we stood way back, swaying nohtálgicamente in the smoke de las parrillas. Is this or isn't this a dream, all these PC banderas waving in the too-warm autumn porteño breeze, these "Victor presente" flags, these Che-emblazoned banners. Los ojos se me hacen agua: is it the sudden bitter, inappropriately fierce longing for my drug-, sex- and Latinoamericanista politics-laden California grad school years, o es que se me ha metido el humo en los ojos?

Killer Crónica

26 febrero, 2001
Buenos Aires
Para María Gabriela Mizraje y
para Pablo "Hugo" Zambrano

"Saquen Uds. *Killer*, por favor" dije, sin inmutarme, a mis
estudiantes. Ellos tampoco se inmutaron not even a hair,
acostumbrados a que yo invente palabras, cree interlingual
giros neológicos y *faux* traducciones sin pestañear. And they
obeyed. They took out obediently *El matadero* de Esteban
Echeverría, reconociendo estar en un curso survey de literatura
hispanoamericana, primer semestre, College norteamericano
that shall remain nameless, pero sabiendo también, que a pesar
de la canonicidad de dicha obra, they weren't in Kansas
anymore, and maybe not even in Argentina either, sino
somewhere in-between, liminal, interstitial.

Y ahora, dos años después: ¿escribir o dormir?
Overwhelmed by the lassitude that only the hottest verano en 10
años—or the hottest February en 30 (according to *La Nación* y

Clarín)—in Buenos Aires can impose (is it *really* that hot? O es, en vez, just another instance of typical porteño queja?), me debato listlessly entre el sueño y la escritura. Which could bring relief? Which more pleasure? Which more pain?

0800-555-0016 (Oficina de Turismo); 4374-1251 (Fervor de Buenos Aires); 4687-5602 (Info. Mataderos, de 11–19 horas); 4372-5831 (Centro Cultural); 4373-5839 (Museo de Artes Arg.). All these numbers (and then some) llamamos, tratando in vain to get information sobre la Feria de Mataderos. Como pasa muchas veces en la Argentina, we heard this cheerful but firm message: "el número que Ud. ha marcado no corresponde a . . ." Finally, since our trusty año 2000 version of "Wayne," aka *The Lonely Planet Guide to Argentina* (edited by un tal Wayne Bernhardson, Ph.D. en geografía from Berkeley no less), ponía que la Feria in Killer se daba los fines de semana, from 11–6, nos lanzamos toward Killer last Sunday, a la tarde. Era, creo, nuestro viaje más largo en taxi since arriving in Buenos Aires. No hablo de esos lonely, desperate y desconcertantes viajes desde "cheto-ville," las northern suburbs, cuando nos transportábamos desde La Lucila, from Dayna's apartment, near the Stok family mansion en Victoria, toward the center of Buenos Aires by a combination of tren y subte, looking for an apartment to rent back in August. No. Hablo de within the boundaries de la ciudad de Buenos Aires proper.

Desplazándonos desde El Botánico de Palermo toward Mataderos, bajando por Pueyrredón, toward Independencia and then out west on J. B. Alberdi, pude confirmar una vez más y con suma satisfacción para mí (con estupefacción quizás pa' mi amigo español, Pablo) que lo que dijo Borges en los 40s is exactly (still) true: *nadie ignora que el sur empieza del otro lado de Rivadavia.* That wilder, more forlorn, more mythical geografía. Suena quizás estereotípico, but really it is profound and beautiful (o escuálido y cutre, según). J. B. Alberdi widens and flattens out. Not wide in that cosmopolitan, Parisian manner they fetishize here sino too-flat, too much sky, after the turn-of-the-century sumptuousness of the Recoleta, Palermo, Belgrano, and Colegiales, the funky quaintness of San Telmo and Monserrat. Alberdi opens out into un-charming, jarring cobblestone where wagons once must have jostled; buildings now squat low and mean where once only dust swirled out toward the pampas.

Me recuerda los outskirts de alguna ciudad mucho más . . . qué sé sho, latinoamericana, el D.F., por ejemplo, Santiago de Chile, even Los Angeles. I feel comforted and disconcerted. I am pierced by recognition. Continuamos y continuamos. Casi diría it's getting boring, except for the occasional outrage-inducing interruption, entre parrillas populares y kioskos, de Blockbuster Video. Finalmente, after miles and miles of someplace that could be, casi, the San Fernando Valley de Califas back when I grew up in it—with that blowsy, sun-addled energy, all TG & Y stores, no-name brand drive-in chicken places, abandoned warehouses and pumpkin patches—doblamos a la izquierda en Lisandro de la Torre, en la frontera entre los barrios de Mataderos y Liniers, frontera también con la provincia occidental de Buenos Aires. Después de pasar unos menacing, grafitti-covered tenements, un enorme parque abandonado y una pulcra y moderna fábrica, arribamos a una somnolienta plaza, surrounded by these warehouse-looking buildings que me doy cuenta contain residential apartments indicated—and demarcated—by dingy laundry on the second floor. Hay una estatua de algún gaucho hero I am somewhat mortified not to recognize, una estatua de la Virgen de Luján in a glass cage. Tengo la repentina sensación de ese personaje de Borges, I think in "El Sur" or is it "El hombre muerto"? (Ni modo. Never have been that good with names and dates on a longterm basis). Pero anyway, ese personaje. Cuando acaricia el gato, de estar fuera del tiempo. Or at least, I share both his awareness de que los gatos are out of time *and* the very feline out-of-timeness itself.

Al bajar del taxi it is immediately clear we've come on the wrong day. No hay feria. No hay nada. Tampoco importa. It feels slow and too-bright. An oddly menacing haze. Cicadas. On the building surrounding the plaza hay letreros que anuncian la Feria de Mataderos, in circus-elegant, elaborate *filete* scroll. Doesn't say what days or times or where. Olor a parrilla, humo, algunos vecinos sitting at tables on the alcove-shrouded veredas, tomando vino tinto barato (y bueno), eating serving after serving de carne: asado, vacío, bife de chorizo, plus of course chinchulines, mollejas, morcilla and all that other mad-vaca (or at least cholesterol-carrying) offal.

Al rato tomamos, medio wistfully, para Palermo Viejo, to return to the culinary adventures (or safety?) of that medio-*paqueto*, pseudo-multiculti barrio (nicknamed Palermo Soho by local cognoscenti: Borges se moriría, creo, to see *his* Palermo tan yuppified) just blocks from our own (just plain Palermo, a secas). Había esperado algo mucho más . . . místico, qué sé sho, olor a ganado (live, no en una parrisha . . .), real gauchos, alguna destreza equina, no sé . . .

ᔓ *Mataderos, The Real Thing* (24-II-01): ᔓ

Fortificados por un vecino de Killer (who had informed us en nuestra previa visita abortiva que la Feria se daba los sábados a la noche en verano), y además habiendo preguntado a una bola de taxistas, remiseros y vecinos, we arrived last night, medio aplastaditos con Pablo y Gabriela, habiendo subido en Palermo con un pobre taxista senior citizen NO profesional que se extravió varias veces on the way and whom I myself had to instruct as to the recovecos de las one-way streets en Killer! This time, to our complete amazement, una animada feria artesanal y barrial bien rustic desbordó enteramente la plaza central. En un huge stand, vendían todo tipo de artículo gauchesco: sillas de montar, botas, látigos, bombachas, fustas, boleadoras, fajas bordadas a mano, chalecos, sombreros, facones, alpargatas, bridles, bits. A wonderfully acrid smell arose in the slight stir of wind que punzaba los nubarrones color plomo. Olor a humo, a parrilla, a grupa de caballo y a montura.

Si la Feria Rural en Palermo, en agosto, había sido una magníficamente local encarnación of Flaubert's agricultural fair in *Madame Bovary* (my image will always be la insouciant and freckled, placid, slightly bovine yet intensely lovely face of Isabelle Huppert—una de mis actrices predilectas, desde "The Lacemaker"—as Emma, en la película), Mataderos is a wonderfully pueblo, porteño version of the equestrian show in Florence I saw years ago, con mi hermana Laura y con mis padres. Then, wearing heavy woolens against the early spring chill and, unconscious of my incipient myopia, I strained forward to distinguish the thrilling blurs as impeccably elegant Tuscan horsemen cleared the hurdles (mostly). Now, en plena negación de mi (todavía light, conste) miopía, I flat out refuse to wear gafas en público, si no son uno de los miles de pares de designer sunglasses que uso. "Por coquetería" dirían aquí. Odio ese tan gender-loaded term. No, es que simplemente rechazo la excesiva nitidez a la que me obligan las gafas. La oftamóloga argentina se rió cuando le confesé eso; es más me felicitó la turn of phrase. Pablo entiende lo que digo: usando casi la idéntica receta, ambos preferimos la vida no corregida, with blurred edges.

Around the plaza, the restaurants that had been sleepy last Sunday, reluctantly sirviendo asado y parrishada to a few local

vecinos, ahora rebosaban de vida: ofrecían everything from
panchos (hot dogs), gaseosas e "ingredientes" (stale peanuts and
potato chips) to full meals. Nos sentamos con Pablo y Gaby;
pedimos tres Gancio con limón, un *Ehprite* pal Juvenil y agua
mineral, of course, for Gaby. Even Gaby's a veces
exasperantemente decimonónico nacionalismo (y en ehto, claaaro,
she's anything but alone), her standing up to sing the himno
nacional and her teary eyes when the (desflecada, por cierto)
bandera was raised high above the plaza, por ejemplo, couldn't
dampen the surge de pura magia que sentí cuando comenzaron a
tocar chacareras y los vecinos—*all* of them, fat, skinny, old, young,
dark, light—comenzaron a bailar, swirling hankies adorably,
provocatively above their heads con infinita pasión y skill.

Gaby insiste en que *right here*, even where we sit, is the
real, historical place, where "Killer" took place. Le pregunto,
medio tímidamente, pues where's the Bajo? Where's the river? Y
ella balbucea "y . . . (pausa porteña) bueno, todo es diferente
ahora; el Río ha cambiado de curso." Yeah right . . . *No way* is
this where *El matadero* took place, pienso pa' mis adentros.
Pero, it doesn't matter. This feeling, these sights—avid vendors,
smoke burning the eyes, music, fierce, hand-forged knives,
animals, drink, was what I had been waiting almost eight
months for. This was, perhaps, what I had *really* come to
Argentina for. Ay dios mío, and here I go. Despite all my
investigación académica en contra de los estereotipos, here I go,
tropicalizing a los argentinos. Bueno . . . eso no es posible. OK,
dale, gauchificándoles, or whatever. Quiero decir: am I not
bringing back from their PoMo, Culti Studies graves the very
maniqueísmos I have fought so hard against for years? What is
with me? The old brain-body split. Pero mirá voh . . . ¿querré
que los argentinos sigan siendo gauchos? ¿Jinetes? That this
sweat-, aserrín- and meat-filled barrio fiesta be THE REAL
THING? ¿Qué me pasa? Qué boludez.

So incredibly anxiety-filled lately, I must acknowledge how much Buenos Aires is a brain-driven city, a city where everybody hyper-intellectualizes, rationalizes. Pero TODOS, eh? From shop keepers to taxi drivers and ni fucking modo los academics. ¡Podridos! The worst of all. Not a step without asking (or explaining) why. Un vómito de palabras. Y eso que yo hablo, eh . . . Ob-vio.

Me di cuenta, de golpe, de que sólo una o dos personas, desde que estoy aquí, parecen tener un verdadero, recíproco y a veces hasta pasional interes en la plática de sus interlocutores, parecen siquiera darse cuenta de que la conversación is a two-way street, joder! La curiosidad, la curiosidad les falta, sustituida por el miedo, quizás. La aprensión. Suspicion. En general, hacen una perfunctory question, ¿de dónde sos? (used principalmente as a way to segue into elaborate stories about *their* ancestors, usually Italian) And then they're OFF! Like a pack of galgos chasing the lure, que la crisis económica, que la poesía no se publica no se vende no se lee que los políticos ladrones, *coimeros*, lavadores de dinero que el calor que ehtoy tan mal, sabéh? que I've gotta get out of here gotta get out . . . It hits me right smack in the face, por primera vez, que quizás mucho de lo que escribió Alejandra Pizarnik (quizás—probablemente—sin querer) *is* quintessentially Argentine after all, like this: "el tesoro de los piratas enterrado en mi primera persona del singular." But . . . (pausa porteñísima) am *I* any different? Have I ever been? ¿Fui argentina en una vida pasada, o qué onda?

Lined up al lado de la vereda, crowded right up against the ramshackle announcer's platform (a mí los caballos siempre me han inspirado una mezcla de admiración y terror, tipo *Equus*), we wait for the contestants in the sortija-race to assemble. Los jinetes, vestidos de riguroso gaucho-ensemble: bombachas, faja, blusa blanca y chaleco negro, sombrero afelpado, boots and spurs. Many with the facón thrust into the faja. Vienen a caballo to sign themselves up with the announcer. Grupas, pezuñas, nervous liquid eyes, all shifting hooves and quivering flesh just inches from us. No entiendo por qué no estoy más aterrada. A chunky beige and white dappled bay, ridden by an equally portly older gaucho, está nervioso, skittish. Stomping, snorting, breaking into a furious run, bowing and bucking, head up, eyes rolling. We are right beside the finish line, una especie de construcción con un little stick hanging down in the middle, de la cual pende una sortija que el jinete tiene que stab with a stick as his horse rushes under the construction. Nos reímos de lo imposible que parece. Son como unos diez jinetes (una es mujer), y cada uno tendrá unas ocho tandas.

Sin demasiado fanfare, far down the cobblestone, sawdust-covered street, escuchamos the sudden, tremendous gathering of force mientras el primer jinete, un gaucho mayor pero con cierto *morbo* canchero, espolea a su rather ordinary-looking mount. In a split second he is under the ring; extiende su palito confidently, and he's got it. Todo es demasiado rápido for our urban eyes; creo que ni nos habríamos dado cuenta de su contundente triunfo si no fuera por los wild aplausos del público y los gritos del announcer. Le siguen otros jinetes menos showy y—por cierto—mucho menos diestros. Nobody else gets it for a while. La mujer is slow, slow and hesitant y siento vergüenza ajena as I hear her emotionally urging her steed on (versus el estoico, concentrado silencio que presentan los machos). Parece casi slow motion compared to the others. Qué pena.

Observo un grupo de rather West Virginia-ish children playing together, trepados a la plataforma del announcer. Todos se conocen aquí. El announcer agarra a una, una niñita rubia de Down syndrome, y la coloca ante el micrófono. Papito, papi, she bellows, mi papiiiito. And sure enough, para relevar al *sortijero*, aquí viene daddy, un fornido cowboy bigotudo montado en un commanding cinammon-colored steed, blowing kisses to his offspring. De repente, about 50 yards away, a huge wheat-colored stallion goes crazy, y acomete contra el público. Instinctively, I shove the Juvenile toward the vereda (él ya está más que aburrido, "Mom, there's horseshit everywhere, this is boooring" . . . se queja, not even realizing he could be in imminent danger), and move myself, casi detrás de la flimsy plataforma. El rogue horse spins and thrashes, hooves clicking sharp, bucking, nearly throwing his rider against the rundown wall of a building.

El único otro jinete notable, además del primero (que logra ensortijar su palito al menos dos veces más) es un delicado adolescente de unos 14 o 15 años quizás, riding an equally petite palomino. An incredible clattering of hoofs announces him, such smallness in such an intense burst of speed. Just feet before the ring, el joven se pone de pie en los estribos, standing completely upright one perfect second extiende el palo y *zas*, he has it. El truco is not *only* to get the ring on the stick, but also not to let it fly off (which it does with disheartening regularity) and of course, not to fall off the horse.

It is late en la sultry noche porteña de barrio. We begin to walk away, right next to the foam-flecked horses (they sweat right down to their hooves; rico el olor). Nos damos cuenta de que la perspectiva desde el comienzo de la carrera es, si cabe, even more thrilling. From here, we can sense the anticipation of riders and their mounts; the horses turn and twitch, reluctant or bored, y los jinetes intentan contenerlos, inspirarlos. They take off like a shot, four legs pumping together, rider crouched down on the haunches and then rising up, some of them, nearly vertical. Algunos caballos fustigados to within an inch of their lives, it seems—*thwack* se escucha el crop—mientras otros run like hell, simplemente porque sí. No látigo required.

The dancers have moved from chacarera and samba to tango now; la plaza está más atestada que nunca. The night is just beginning para los vecinos de Mataderos, but an hour-long taxi ride awaits us (thrill of his life pal conservative, father of "three non-drug taking teens" taxista que nos ha tocado). From the end of the earth—or at least, the end of Capital Federal—up through all the suburban and sleepy residential barrios that begin with "Villa," dropping off Gaby in Villa Urquiza, and finally back to Palermo. Palermo a secas. Our Palermo. Pero that ride, like they say, es otra historia.